환영받지 못하는 기자들

환영받지 못하는 기자들

JTBC 탐사보도
기자들이 마주한
순간들의 기록

이윤석
전다빈
강희연
어환희
하혜빈
지음

pazit

“권위 있는 언론상을 휩쓴
JTBC 탐사기자들의
뜨거운 현장 취재기”

이 책은 JTBC 탐사기자 5명이 함께 썼다. 취재 내용 가운데 의미가 크다고 생각하는 취재기 중심으로 정리했다. 크고 작은 탐사보도를 하면서 큰 상을 여럿 수상했다. 관훈언론상, 한국방송기자대상, 민주언론시민연합 올해의 좋은 보도상 등이다. 한국기자협회 이달의 기자상과 방송기자연합회 이달의 방송기자상도 여러 차례 수상했다. 팀원 모두가 최선을 다했고, 무엇보다 운이 좋았던 덕이다.

이 책은 그 일부의 기록이다.

추천사

손석희

기자란 직업은 적어도 그 일부는 AI로 대체될 것이다. 이미 그러는 중이니까…. 아니, 혹 대부분 교체되더라도 한 가지 분야는 마지막까지 살아남을 것이다. 탐사기자다. 취재원과의 미묘한 기싸움이나, 그 과정에서 읽어내는 진실의 냄새, 그리고 끝없는 '뻗치기'까지 탐사는 어디까지나 인간의 영역이다. 그리고 그 탐사의 가치는 권력을 향해 있을 때 존재할 수밖에 없다. 〈뉴스룸〉을 맡고 있을 때 가장 애착이 갔던 취재는 단연 탐사였다. 여건도 제대로 만들어주지 못하면서 탐사부서에서 나오는 기사들을 제일 기다렸다. 이 책을 쓴 기자들은 그때만 해도 신참들이었지만, 지금은 어엿한 중견들이다. 이들이 책 제목을 '환영받지 못하는…'으로 지은 것은 고민의 산물이었을 것이다. 비단 취재원으로부터만 환영받지 못하는 시대가 아니니까 그 표현이 함의하는 바를 모를 리 없다. 그래도 덕담을 건네자면 탐사기자는 적어도 시청자에게는 환영받는 존재가 될 수 있다는 것. 그렇게 해서 마지막까지 살아남기를….

머리말

환영받지 못하는 기자들

"탐사팀 기자라고요? 무슨 일이시죠?"

"여긴 왜 찾아오셨나요? 나가세요!"

환영받지 못하는 기자들이 있다. 기자라고 하면 어디 가서 대접받는다고 생각할 수 있지만, 탐사팀 기자들은 확실히 아니다. 탐사팀 기자라고 밝히는 순간, 상대방 목소리 톤이 바뀌는 건 예삿일. 잠깐이라도 만나자고 찾아가면 '문전박대' 당하기 일쑤다. 무언가 감추려는 사람들이 특히 그렇다. 선배 기자들의 탐사보도가 우리 사회 부조리를 파헤치는 역할을 제대로 해왔기 때문이라고 위로하곤 했다.

탐사보도의 시작과 끝은 '권력 감시'란 말이 있다. 정치권력이든 자본권력이든, 언론이 감시해야 할 핵심 대상은 '권력'이기 때문이다. 취재팀은 그들이 감추고 싶어 하는 무언가를 찾아내기 위해 부단히 노력했다. 적은 인원에 어린 연차. 그만큼 발로 뛰며 현장을 취재했다. 밤낮과 주말을 가리지 않았다. 우리 사회를 조금이라도 더 나은 세상으로 만드는 데 작은 보탬이 되고자 했다.

책 맨 앞을 차지한 이상직 의원 추적기가 대표적이다. 이스타항공 사태의 실체적 진실을 파헤쳐 편법증여 의혹을 비롯해 수십 건의 추적 보도를 쏟아냈다. 취재팀 보도 이후 결국 검찰이 수사에 나섰고, 결과적으로 이 의원은 유죄 판결을 받았다. 그는 의원직도 잃었다. 끝이 아니다. 취재팀은 아직 남은 취재를 이어가고 있다. 취재한 모든 내용을 다 공개하지 못하는 이유다.

취재팀은 특히 정치인 검증 보도에 힘을 기울였다. 국회의원을 비롯한 고위공직자들은 여전히 가장 강력한 권력자들이기 때문이다. 오롯이 국민을 위해 써야 할 '힘'을 본인이나 가족의 자산 증식 등에 악용하는 경우가 많았다. 그들은 "뭐가 문제냐?"라거나 "왜 나만 갖고 그러느냐!"고 항변했다. 한국 정치의 어두운 민낯. 취재팀은 여야를 가리지 않고 끈질기게 추적했고, 지금도 누군가를 추적하고 있다.

진짜 권력은 돈에서 나온다는 말이 있다. 이른바 자본권력이다. 취재팀은 악랄한 자본권력을 감시하는 데도 힘을 쏟았다. 일본 미쓰비시그룹 추적이 대표적이다. 국내에선 그저 전범 기업으로만 알려져 있을 뿐 일본 최대 규모 재벌그룹이란 사실은 잘 알려지지 않았다. 이들은 국내에서 큰돈을 벌어가면서도 일제강점기 강제동원 피해자들에 대한 배상 책임은 철저히 외면해 왔다.

취재팀은 이들의 실체적 진실을 추적해 보도했다. 그 과정에서 강제동원 피해자들에게 법적인 배상 책임이 있음에도, 이를 철저히 무시해오던 미쓰비시중공업의 국내 현금성 채권을 처음 찾아내 법원이 압류 결정을 내리기도 했다. 국내에서 직접적인 사업을 하지 않아 압류할 돈조차 없는 것으로 알려져 왔는데, 드러나지 않았던 미쓰비시중공업의 돈을 찾아내 피해자들에게 줄 수 있는 길이 열린 것이었다. 일본 정부가 공개 반발하는 등 잠시나마 국제적 이슈로 떠오르기도 했다. 결과적으로 미쓰비시그룹의 꼼수에 막혔지만, 취재팀의 보도로 다시는 그러한 꼼수를 쓸 수 없게 됐다.

취재팀은 한때 전범국이었지만, 지금은 모범 국가로 평가받는 독일의 모습도 직접 취재해 일본이 나아가야 할 길도 짚었다. 사과하고 또 사과하고, 배상하고 또 보상하는 독일의 모습은 반성이란 게 무엇인지 보여주고 있다. 특히 일상에서 끊임없이 반성하면서도, 시민 다수가 "여전히 부족하다"고 말하는 게 무척 인상적이었다. 독일 전범 기업들도 마찬가지였다. 스스로 과거의 잘못을 드러내고, 피해자들에게 용서를 구했다. 피해자 지원에도 적극적이었다. 일본 정부와 전범 기업들의 모습과는 너무나도 달랐다.

책은 누구나 편하게 읽을 수 있도록 최대한 쉽게 쓰고자 노력했다. 너무 상세한 내용까지 기록하면, 자칫 지루하게 느껴지지 않을까 걱정된다는 의견이 많았다. 잘 알려지지 않은 기자 세계의 뒷이야기도 중간중간 기록했다. 탐사기자는 거칠다는 편견, 취재원과의 기 싸움, 이른바 '뻗치기'를 할 때 벌어지는 다양한 에피소드 등 가벼우면서도 재밌는 내용들이다.

함께 책을 쓴 5명이 모든 취재에 함께했던 건 아니다. 적게는 2명, 많게는 3명이 각각 취재에 투입됐다. 적은 인원으로 현장을 뛰어야 했지만, 아쉬움보단 감사함이 더 크다. 그 어느 때보다 언론사 속보 경쟁이 치열한 상황 속에서, 시간이 걸리는 탐사팀을 계속 유지한다는 것 자체가 회사 입장에선 쉽지 않은 일임을 잘 알기 때문이다. 부족하지만 이 책을 통해 우리 사회에 탐사보도의 중요성이 조금이라도 더 알려지길 희망한다.

2023년 1월 어느 날
서울 상암동에서

차례

Canon

SAMSUNG

Building

팁니다.
저흰 내일 평소대로 오후
4시40분에 다시 찾아뵙겠
습니다.
NS-2

일러두기

- 본문에서 언급되는 인물들의 직책 등은 보도 당시 기준으로 삼았습니다.

#1

‘공정’ 외치던 권력자 ‘이상직’의 추락

이상직 의원. 그는 여느 평범한 국회의원이 아니었다. 이스타항공이라는 업계에서 주목받던 잘나가는 저비용항공사 창업주 출신에, 민주당의 중심인 ‘호남’ 지역 재선 국회의원. 무엇보다 문재인 대통령과 가까운 정치인으로 유명했다. 대선 캠프 땐 지도부로 활동했고, 정권 출범 이후엔 장관급으로 통하는 중소벤처기업진흥공단 이사장이 됐다. 대통령이 직접 지명했으니 이보다 확실한 도장은 없었을 터. 그는 집권 여당의 ‘실세 재선 의원’으로 통했다. 정치권뿐 아니라 대외적으로도 유명했다. 《공정》이란 제목의 책도 쓰면서, 청년 대상 강연에선 공정한 사회를 만들겠다고 외쳤다. 그랬던 그가 취재팀의 대대적인 탐사보도 이후 의원직을 상실해 ‘전’ 의원이 됐다. (편의상 본문에선 최초 보도 당시 직책을 기준으로 한다.)

취재팀이 그에게 처음 관심을 가진 건 이스타항공 매각 추진 때였다. 2020년 초, 코로나19가 본격 확산하기 전이었는데도 이스타항공은 다른 저비용항공사와 달리 심각한 경영난에 허덕거리다 제주항공에 매각을 추진했다.

이상했다. 이스타항공은 신규 항공기를 여러 대 도입하는 등 잘 나가던 항공사로 알려져 있었기 때문이다. '도대체 무슨 일이 있었던 걸까?' '잘나가던 항공사가 어쩌다가 이렇게 됐지?' 짧은 질문에서 취재를 시작했다.

추적의 시작, 페이퍼컴퍼니 지주사와 출처 불문 100억 원

"대부분 추적 보도는 서류에서 시작한다."

2020년 5월. 취재팀은 이스타항공 관련 법인 등본과 감사보고서 등 중요 서류 일체를 발급받았다. 이 서류들엔 회사의 임원진, 소유 구조, 재무제표 등 각종 중요한 정보들이 담겨 있다. 대법원 인터넷등기소와 금융감독원 전자공시사이트 등에서 발급받을 수 있다. 누구나 쉽게 구할 수 있지만, 매우 중요한 정보가 담긴 서류다.

이스타항공은 소유 구조가 독특했다. 이스타홀딩스라는 지주회사를 두고 있었다. 쉽게 말해, 이스타홀딩스가 이스타항공 최대 주주로 일종의 주인이었던 셈이다. 그렇다면 이스타홀딩스 주인은 누구였을까. 법인 등본을 보니 이 의원 딸 이수지 씨가 대표였고, 아들 이원준 씨가 임원이었다. 별도 직원은 없었다. 본사 주소는 유명 특급호텔이 있는 여의도의 한 고급 오피스텔이었다. 실제 영업 활동이 없는 페이퍼컴퍼니로 추정되는 대목이었다.

심층적인 분석에 들어갔다. 이 의원 아들딸은 2015년 10월 이스타홀딩스를 설립했다. 자본금은 3000만 원. 당시 이 의원 아들딸은 10대와 20대로, 별다른 경제 활동도 없었다. 그런데 회사 설립 두 달 뒤, 이스타항공 주식 약 524만 주를 사들여 최대 주주가 됐다. 이 의원과 직간접적으로 관련된 회사들로부터 이스타항공 주식을 사들인 것이었다. 상식적으로 누군가의 도움 없이는 불가능한 일. 좀 더 파봐야겠다는 확신이 들었다.

취재팀은 객관적인 분석을 위해 모 시민단체 회계사, 대형 회계법인 회계사들에게 검토를 요청했다. 그들은 확실한 익명을 요구했다. 당시만 해도 이 의원 힘이 대단했기에 벌어진 장면이었다. 회계사들은 공통적으로 "규모가 꽤 큰 기업인데 이런 식으로 보고서를 작성한 건 처음 본다"며 서류 자체가 매우 불성실하게 작성됐다고 평가했다. 매입한 주식 가격이 정확히 얼마인지, 주식의 가치 평가는 어떻게 됐는지 등 반드시 있어야 할 자료가 하나도 공개돼 있지 않았기 때문이다.

회계사들은 "자료에 앞뒤가 맞지 않는 수치가 너무 많이 보인다"거나 "상식적으로 이해하기 어려운 구조가 너무 많다"고 비판했다. 그러면서도 "확실한 건 이들(이스타홀딩스)이 어디선가 100억 원 이상을 빌려다가 주식을 매입한 것"이라고 했다. 중요한 포인트였다. 한 회계사는 "영업 활동이 전혀 없는 회사고, 자본금 3000만 원이 전부인 회사"라며 "이스타항공의 최대 주주가 되기 위해 세워진 페이퍼컴퍼니로 보이고, 100억 원은 당연히 차입금일 것"이라고 분석했다.

그렇다고 가장 핵심적인 내용을 익명의 전문가 멘트로 보도할 순 없었다. 익명의 전문가는 얼굴을 공개하고 이름을 밝힌 전문가에 비해 신뢰성이 떨어지기 때문이다. 여러 회계사에게 더 연락해 봤지만 쉽지 않았다. 심지어 "미래에 우리 고객이 될 수도 있는데…"란 말도 들었다. 다행히 한 회계사가 공개 인터뷰에 응했다. 이충신 회계사였다. 대학에서 신문방송학을 전공했기 때문에 '언론이 해야 할 일'에 대한 공감대가 있었을 터다. 이충신 회계사는 취재팀과 다시 한번 자료를 분석했다. 그리고 카메라 앞에서 "이스타항공 주식을 매입하면서 약 100억 원가량의 취득 대가를 지급했다"고 말했다.

회계사들의 분석 결과가 정확히 일치했다. 문제는 이스타홀딩스가 비상장 회사라 세부 정보를 찾기가 매우 어렵다는 점이었다. 회사 설립 이후 아들과 딸이 정확히 얼마를 벌어갔는지, 누구한테 어떤 조건으로 얼마의 돈을 빌렸는지 등 모든 게 불투명했다. 취재팀은 10대와 20대였던 이 의원 자녀가 국내 유력 저비용 항공사의 최대 주주가 되는 과정은 결국 아버지인 이 의원이 '설계'했을 것이란 합리적 의심을 할 수밖에 없었다.

법률 전문가들 역시 편법증여 가능성이 크다고 봤다. 김형준 변호사는 "투자를 받았다면 투자의 경위 아니면 어떤 방법으로 돈을 마련했는지 등 그 경위가 나와야 한다"고 지적했다.

당시 이스타홀딩스는 제주항공과 이스타항공 매각 협상을 벌이고 있었다. 협상 가격은 약 540억 원. 이 의원 아들딸이 자본금 3000만 원에 설립한 회사가, 어딘가에서 빌린 100억 원으로 이스타항공 경영권을 확보하고, 또 이 경영권을 몇 년 만에 제주항공에 매각해 수백억 원의 차익 실현을 앞두고 있었던 셈이다.

왜 법인을 만들었을까?

페이퍼컴퍼니는 편법증여 때 많이 사용하는 방식이다. 법인은 세금 등에서 여러 혜택이 있기 때문이다. 이 의원에게는 더 중요한 또 다른 이유가 있었을 것으로 보인다. 국회의원 등 고위공직자는 재산공개 대상이란 점이다. 고위공직자 재산공개에는 구체적인 재산 내용이 하나하나 다 나온다. 부동산, 예금, 증권 등을 각각 얼마나 보유하고 있는지, 나아가 누군가로부터 돈을 빌리거나 갚을 때도 그 과정이 모두 기록된다.

다만 예외가 있다. 바로 법인일 경우다. 이땐 소유하고 있는 법인 주식 수와 평가액만 포함될 뿐, 이 법인이 어떻게 활동하고 있는지는 공개 대상이 아니다. 쉽게 말해, 법인을 만들고 법인 이름 아래서 움직이면 법인 주식 보유 내역 외엔 별다른 신고를 하지 않아도 되는 것이다.

최근 실질적인 가치 평가액으로 신고하게끔 바뀌었지만, 이전엔 주식 액면가만(주권에 표기된 가격으로 500원 혹은 5000원인 경우가 많음) 신고했기 때문에 실질 재산을 감추는 수단으로 악용되는 경우가 많았다.

열쇠는 이상직 딸 "잘 모르겠는데요"

취재의 기본은 당사자 직접 확인이다. 정황만으로는 기사를 쓸 수 없다. 취재팀이 이스타홀딩스 대표이자 이 의원 딸인 이수지 대표에 집중한 배경이다. 이 대표는 이스타항공 임원도 겸직하고 있었다. 회사 관계자들을 통해 이 대표에 대한 취재를 시작했다.

이 대표는 이스타홀딩스가 빌린 법인 차량을 이용하고 있었다. 시가 1억 원짜리 포르쉐 차량이었다. 독특한 건 이스타홀딩스 본사 주소지로 등록된 서울 여의도 고급 오피스텔에 이 대표가 실거주하고 있었다는 점이다. 회삿돈을 개인적으로 사용하고 있었던 셈이다.

취재 과정에서 이 대표가 수시로 이 의원 자택을 찾아 어머니와 식사를 한다는 사실을 파악했다. 이 의원 집 앞에서 인터뷰를 시도하기로 했다. 일반적인 취재 방식과 달리 사전에 내용을 알리지 않고 기습 인터뷰를 시도했던 이유는, 내용을 미리 알게 되면 거짓 답변을 준비하거나 잠적할 가능성이 있기 때문이었다. 변호사들의 자문을 거쳐 철저하게 집 밖에서만 기다리기로 했다.

며칠은 허탕을 쳤다. 아슬아슬하게 시간이 안 맞곤 했다. 그리고 어느 날, 주차장에 포르쉐 차량이 있는 걸 확인했다. '이제 나오는 것만 기다리면 되겠다!' 생각하고, 집 앞에서 1시간여를 기다렸을까. 선글라스를 낀 이 대표가 집 밖으로 걸어 나왔다. 적당한 시점을 잡기 위해 조금 더 기다렸다. 너무 일찍 다가가면 집으로 들어가 버릴 수 있기 때문이었다. 이 대표가 아파트 담벼락 근처에서 담배를 피우던 순간, 가까이 다가가 JTBC 취재기자임을 알리고 곧장 질문을 시작했다.

이상직 의원 자택 앞에서 뻗치기 중 이수지 이스타홀딩스 대표를 만나 인터뷰를 시도했다.

이수지 이스타홀딩스 대표와 JTBC 취재기자 인터뷰 내용

기자 궁금한 게 있습니다. 2015년에 차입금 100억 원 갖고 와서 이스타항공을 사셨던데, 그 차입금 혹시 어디서 나온 거예요?

이수지 대표 저는 잘 모르겠어요.

기자 아니, 대표님이 사셨는데 그걸 모르시면 어떻게 해요?

이수지 대표 죄송합니다. 그런데 갑자기 이렇게 찾아오시면 제가 싫어할 수밖에 없죠.

기자 왜냐면 지금 상황이 굉장히 심각하잖아요. 임금체불 문제도 있고요.

이 대표에게 재차 물었다. 다시는 질문할 수 있는 기회가 없을 수도 있기 때문이었다. 한 번의 기회를 잘 살려야만 했다. "이스타항공 매입 자금 어디서 나왔는지는 알려줄 수 있는 거 아닌가요? 아버지가 다 하신 건가요? 이상직 의원이 다 한 건가요?"라고 거듭 질문했다. 이 대표는 "지금 장난해요? 내가 그쪽 집 찾아가면 좋겠냐고 지금!"이라고 소리치며 "미쳤느냐"면서 강하게 반발하기도 했다. 여러 차례 질문을 던졌지만 아무런 답변을 듣지 못했다. 소리 지르며 답변을 거부하는 이 대표에게 이스타항공 직원들의 임금 문제를 언급했다.

기자 수많은 직원이 지금 고통에 시달리고 있는데 그거 안 보이세요?

이수지 대표 보여요. 저도 마음 아파요.

기자 그럼 협상 어떻게 하고 계세요?

이수지 대표 협상이요? 협상 지금 노조랑 같이 하고 있잖아요, 회사에서.

기자 이스타항공 매입 자금 출처가 어딘지 좀 말씀해 주시죠.

이수지 대표 왜 이러는데 진짜.

모든 법률적 계약 당사자는 이수지 대표였다. 이스타항공 지주사인 이스타홀딩스 대표였기 때문이다. 그러나 이 대표는 "모른다"는 말만 반복했다. 직감적으로 이 답변이 진실이라는 걸 알 수 있었다. 다 아는데 모르는 척하는 게 아니라, 진짜 몰라서 모른다고 답변한 것이란 확신이 들었다. 취재팀과 함께 자료를 분석한 한 회계사는 "아무 영업 활동이 없는 3000만 원짜리 페이퍼컴퍼니가 스스로의 능력으로 100억 원대 규모의 돈을 확보하는 건 불가능에 가깝다"며 "이에 대한 소명은 반드시 필요하다"고 거듭 지적했다.

회사 사무실인 고급 오피스텔 실거주, 아무 문제 없을까?

이스타홀딩스 본사 주소지였던 서울 여의도 고급 오피스텔은 회사 사무실보다 실거주용으로 많이 쓰이고 있었다. 유명 특급호텔이 같은 건물에 있을 만큼 고급스럽고, 무엇보다 보안도 매우 철저한 곳이었다. 이수지 대표는 전용면적 약 128m²인 곳을 본사 사무실로 등록한 상태였다. 직원은 사실상 이 대표 1명뿐인데, 지나치게 넓고 고급스러웠다. 실거주 목적으로 의심할 수밖에 없는 정황이 곳곳에서 드러났다.

취재팀은 이 대표의 움직임을 면밀하게 관찰했다. 다행히 호텔도 같이 있어서 주차장 출입이 자유로웠다. 이 대표는 외출했다가도 저녁이면 어김없이 오피스텔로 돌아왔다. 취재팀은 늦은 밤 수시로 주차장을 찾았다. 그때마다 이 대표의 포르쉐 차량이 주

이수지 대표가 타던 이스타홀딩스 법인 리스 포르쉐 차량. 약 1억 원짜리 고급 차량이다.(위)
이 대표는 외출했다가도 저녁이면 어김없이 오피스텔로 돌아왔다. 실거주 목적이 크단 사실을 보여주는 증거였다.(아래)

차된 모습을 확인할 수 있었다. 실거주하고 있다는 확신이 섰다.

이게 문제가 될 수 있는 건 법인 본사 사무실로 빌린 오피스텔이 실제로는 대표가 개인적으로 사용하는 실거주 목적일 경우 배임·횡령 등에 해당할 수 있기 때문이다. 회삿돈을 사적으로 사용한 셈이다. 이 의원 측은 이곳에 실거주 중인 의혹에 대해 명확한 해명을 내놓지 못했다. 김원용 변호사는 "주거 목적으로 사용하게 된다면 이 부분은 법인의 자산으로써 특정 개인에게 이득을 준 것으로 볼 수 있기 때문에 업무상 횡령죄에 해당될 수 있다"고 지적했다.

공식적으론 회사 떠났지만, 계속 존재했던 실소유주 이상직

다음 취재 대상은 명확했다. 이상직 의원. 의원실을 통해 여러 차례 해명을 요구했지만, 명확한 답변을 들을 수 없었다. 보좌진 역시 "우리도 잘 모르는 얘기"란 말만 반복했다. 어떻게든 이 의원 본인을 만나야 했다.

이 의원을 직접 만나기 위해 며칠 동안 사무실을 찾아갔지만, 매번 허탕이었다. 이 의원은 언론 등을 통해 "이스타항공 경영에 7년째 관여를 안 하고 있다"고 말해왔다. 실체적 진실을 알기 위해선 이 의원 해명이 필요했지만, 그는 모습을 드러내지 않았다.

그런 와중에 새로운 제보가 속속 들어왔다. 취재팀 보도를 본 이스타항공 관계자들이 직접 제보한 것이었다. 특히 이 의원이 경영에 계속 관여해 왔다는 증거들이 눈에 띄었다. 대표적인 게 2017년 이스타항공 임원진 회의록이었다. '월간 소통회'로 불리는 회의에 이 의원 발언이 기록돼 있었다.

회의에서 이 의원은 '의원님' 혹은 '회장님'으로 통했고 구체적인 실적 목표를 제시하는 등 경영에 관여했다. 이스타항공 관계자들은 "이 의원이 거친 언사를 써가며 (경영 문제를) 지적하기도 했다"고 기억했다. 일부 직원들은 반강제로 이 의원에게 정치후원금을 냈다고 제보하기도 했다. 권유 형태였지만 직원들은 사실상 강요로 느꼈다고 했다. 취재팀은 실제 직원들이 받은 이메일을 입수했다. 총선을 앞둔 2012년 3월 말, 이스타항공 직원들이 회사로부터 받은 메일들이었다.

"창업주인 이상직 민주통합당 후보가 경선에 당선됐다"며 "총선에서도 좋은 결과 있도록 관심과 성원을 부탁한다"고 후원 방법을 안내하고 있었다. 거듭 '자발적'이란 점을 강조한 게 눈에 띄었다. 총선이 끝나고도 후원금 안내 메일은 계속됐는데, "출력하지 말고 모두 삭제해 달라"고 적혀 있었다. 회사 역시 추후 문제가 될 수 있다는 점을 인지하고 있던 것으로 보이는 대목이다. 박이삼 이스타항공 조종사노조위원장은 "이건 '자발'을 빙자한 강요였다"면서 "다른 의원들한테 후원을 강요하기도 했다"고 주장했다. 이건 또 다른 문제였다. 이 의원뿐 아니라 이 의원을 도와주는 주변 정치인들에게도 후원을 강요했단 내용이기 때문이다.

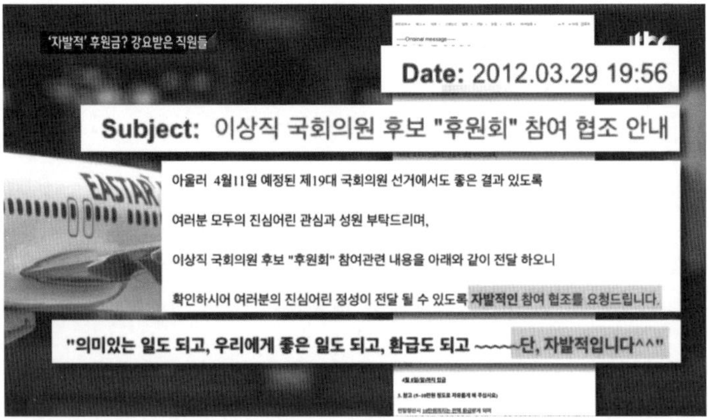

이스타항공 직원들이 받은 이상직 의원 정치후원금 강요 이메일. '자발적'이라고 강조했지만, 직원들은 사실상 '강요'였다고 했다.

민주당 소속 모 중진 의원 이름이 보였다. 취재에 응한 이스타항공 직원들은 불이익을 우려해 후원금을 내야 했다고 했다. 취재팀이 직접 확인한 영수증도 여러 개였다. 민주당 인사들을 두루 취재하는 과정에서 "그 의원이 이상직 의원 챙긴다는 건 잘 알려진 사실"이란 내용을 들었다. 물론, 후원금을 받은 당사자들은 "전혀 모르는 일"이라고 잡아뗐다. 아주 명확한 증거가 없었기에 보도는 익명으로 나갈 수밖에 없었다.

수상한 지역구 아파트,
딸 집에 아버지가 전세?

취재팀은 이 의원 재산공개 내용을 분석하다 이상한 부분을 발견했다. 딸 이수지 이스타홀딩스 대표가 이 의원 지역구인 전주의 한 아파트를 소유한 것으로 돼 있는데, 아버지인 이 의원은 같은 아파트에 전세로 살고 있었다. 딸 집에 아버지가 세입자로 거주하는 일종의 편법증여 형태일 가능성이 커 보였다.

해당 아파트의 동일 면적 등기부 등본을 모두 조사했다. 고위공직자 재산공개 서류엔 아파트 동호수는 나오지 않기 때문이었다. 하나하나 열람하던 중 이 대표 이름이 적힌 집을 찾아냈다.

이 대표는 2015년 해당 아파트를 2억 원에 샀다. 은행에서 1억 원 넘게 대출도 받았다. 이 의원은 절반의 면적에 1억 7천만 원을 내고 전세를 살고 있었다. 쉽게 말해, 집 전체가 아닌 방 두 칸 정도만 빌린 셈이었다. 매매가 2억 원에 1억 원 넘게 대출이 있는 집, 그것도 그 집의 절반을, 전체 시세대로 돈을 주고 살고 있었다. 상식적으로 앞뒤가 맞지 않는 계약이었다. 현장에 찾아가 봤더니 경비원들은 "이 의원이 사는 집이 맞다"고 했다.

취재팀은 서울에서 찾기 어려웠던 이 의원이 지역구 자택으로 갔을 가능성이 있다고 보고 여러 차례 뻗치기를 했다. 그러던 어느 날, 몇 시간이 흘렀을까. 이 의원 자택에 갑자기 불이 켜졌다.

카메라와 무선마이크 전원을 켜고 조금 더 지켜봤다. 몇 분 뒤 불이 꺼지고 조만간 집 밖으로 나올 거란 확신에 취재팀은 엘레베이터 앞으로 달려갔다. 예상과 달리 엘리베이터에는 움직임이 없었다.

당황스럽게도 이 의원은 계단으로 내려왔다. 취재팀은 계단 앞으로 달려가 이 의원에게 딸 집에 비싼 시세로 전세 사는 문제에 대해 추궁했다. 이 의원은 엉뚱하게 취재팀이 서울 서초구 이 의원 자택 앞에서 이수지 대표를 인터뷰한 걸 문제 삼으며 취재팀을 피했다.

이스타항공의 반격
"문제 없다"면서도 앞뒤 안 맞는 해명

취재팀의 연속보도에 이스타항공은 여러 차례에 걸쳐 강력 대응을 이어갔다. 우선 첫 보도 직후 보도자료를 냈다. 이 의원 아들딸이 자본금 3000만 원짜리 페이퍼컴퍼니로, 어디선가 100억 원 이상 빌려 이스타항공 경영권을 확보했다는 핵심 내용에 대한 반박이었다. 이스타항공 측은 "모든 절차는 적법했다"며 "자금 출처는 사모펀드"라고 해명했다. 이스타항공 측은 "이스타홀딩스의 설립과 이스타항공 주식 취득은 법무법인의 검토를 거쳐 사모펀드를 통해 지극히 합법적이고 공개적인 방식으로 진행됐다"고 밝혔다.

일부 서류를 공개하기도 했다. 모 사모펀드로부터 80억 원을 빌린 서류 일부였다. 영업 활동이 없는 자본금 3000만 원짜리 회사가 설립 두 달 만에 거액을 빌릴 수 있었던 배경을 묻자, 이스타항공 관계자는 "주식이 담보였다"고 말했다. 앞으로 사게 될 주식을 담보로 거액을 빌렸다는 내용이었다. 그러면서도 사모펀드의 이름과 투자자 구성 등 구체적인 내용에 대해선 "투자자들이 공개를 원치 않는다"며 답을 피했다. 정작 중요한 부분엔 답변하지 않은 것이었다. 회계 전문가들은 앞뒤가 맞지 않는다며, 특히 담보로 잡았다는 '앞으로 사게 될 이스타항공 주식'의 가치를 0원으로 평가한 부분을 지적했다.

김경율 경제민주주의21 공동대표(회계사)는 "이스타 측에서 주식 담보의 근거로 주식 평가 보고서를 내밀었는데 이 보고서에 의하면 주식 가치가 0원이다, 이렇게 되면 스스로 앞뒤가 안 맞는 말을 하고 있는 셈"이라고 지적했다. 익명을 요구한 다른 회계사들은 "자금 출처를 밝히는 게 핵심인데, 투자자 구성을 밝히지 않은 건 해명하지 않은 것과 마찬가지"라고 비판했다.

법률 전문가들 역시 주식 평가 보고서를 문제 삼았다. 요약하면, 앞으로 생길 주식을 담보로 우선 돈을 빌렸는데, 이 주식의 가치 평가자료엔 가치가 0원으로 돼 있었기 때문이다. 김대광 변호사는 "주식 가치가 0원인데 어떻게 80억 원을 대출하느냐"면서 "회계상 가치가 0원인데 '대출하시죠?' 이게 쉽게 되겠는가"라고 지적했다. 담보로 잡을 주식의 가치가 0원인데, 어떻게 80억 원이란 거액을 빌릴 수 있느냐는 것이었다.

상식적으로 이해하기 어려운 부분이었다. 이스타항공 측은 "당시 사모펀드 투자자가 저비용항공사에 대해 우호적인 생각을 갖고 있었다"고 했다. 미래 전망을 밝게 봤기 때문에 주식 가치 평가가 0원임에도 돈을 빌려줬다는 주장이었다. 그러면서도 투자자 구성은 공개할 수 없다고 했다.

미심쩍은 부분은 이게 다가 아니었다. 이스타항공 측은 2015년 11월에 주식 거래가 이뤄졌다고 했다. 그런데 이스타항공 측이 제공한 자료의 주식 가치 평가 기준일은 2014년 12월 31일이었다. 당시 이스타항공은 적자 행진을 하다 2014년부터 흑자를 기록했다. 2015년엔 180억 원의 당기순이익을 기록하기도 했다. 회계 전문가들은 "주식 거래가 이뤄진 2015년 말을 기준으로 하면 주식 가치가 0원이긴 힘들 것"이라고 했다. 내부 정보를 토대로 의도적으로 가치를 낮게 평가했을 수 있다는 의혹이었다.

이스타항공 측이 공개한 해명자료에 담보 내용을 증명하는 '주식질권설정계약서'가 빠져 있다는 것도 이상했다. 김대광 변호사는 "담보에 관한 약정은 반드시 들어가야 한다"면서 "이상한 게 너무 많다"고 지적했다. 종합하면 잔뜩 해명을 늘어놓으면서도 정작 중요한 내용은 공개하지 않았고, 해명 역시 하나하나 따져 보면 논리적으로 앞뒤가 맞지 않았다.

이상직 "주식 헌납하겠다"면서도 "JTBC 오보다" 억지 주장

취재팀의 최초 보도 닷새 만에(2020.6.29) 이스타항공 측이 갑자기 기자회견을 하겠다고 공지했다. 취재팀 첫 보도 이후 이 의원 편법증여 의혹은 사회적으로 관심이 매우 커졌던 상황. 취재팀은 이 의원이 직접 나설 가능성도 있다고 생각해 급히 서울 강서구 이스타항공 본사로 찾아갔다.

이 의원 대신 그의 최측근, 이 의원 보좌관 출신 김유상 이스타항공 전무가 나타났다. 그는 이 의원 입장문을 대신 읽었다. 핵심은 이스타항공 주식을 회사에 헌납하겠단 것이었다. "국민 눈높이에 미치지 못한 부분이 있다면 정중히 사과드린다"고도 했다. 그러면서도 정작 중요한 문제들은 외면한 채 핵심인 자금 출처 문제에 대해선 끝까지 침묵했다.

박상인 경실련 정책위원장(서울대 행정대학원 교수)은 "의혹들을 덮기 위해 헌납한다고 이야기하는 건 국민의 관심을 잠시 벗어나고자 여론을 호도하는 행위"라며 "이스타항공은 누구 것인지 다시 물어야 할 때"라고 비판했다.

언론중재위원회
"이 사건 조정신청을 전부 기각한다"

이상직 의원 측은 취재팀의 연속보도가 오보라고 주장했다. 특히 연속보도의 핵심인 '아들딸 자금 출처' 관련 내용을 문제 삼았다. 이 의원 측은 사모펀드를 통해 공개적이고 합법적인 방식으로 돈을 빌렸는데, 뭐가 문제냐는 식으로 대응했다. 나아가 취재팀의 연속보도에 대해 법적 대응에도 들어갔다. 언론중재위원회에 제소한 것이다. 탐사보도에서 법적 분쟁은 자주 발생하는 일이다. 기자들의 취재를 막는 압박 수단으로 활용되기도 한다. 법적 분쟁이 발생했다는 것 자체가 취재기자들에게 상당한 압박으로 작용하기 때문이다.

상식의 문제다. 10대와 20대 청소년 둘이 만든 페이퍼컴퍼니가 설립 직후 어디선가 100억 원을 빌려 잘나가던 저비용항공사 경영권을 인수했다. 담보 주식의 서류상 가치는 '0원'이었음에도, 연이율 4%란 좋은 조건이 붙었다. '누군가의 힘' 없이는 불가능한 일이었다.

취재팀은 자신이 있었다. 무엇보다 취재 초기 단계서부터 법적 분쟁이 있을 거라 예상하고 다수의 변호사와 회계사 등 전문가들에게 자문해가며 꼼꼼하게 취재를 진행했다. 답변서엔 미리 준비한 내용을 토대로 상세하게 기술했다. 원칙과 상식의 문제라는 걸 강조했다.

언론중재위원회 판단은 간단했다. 신청인(이 의원 측) 주장을 모두 기각했다. 언론중재위원회는 "(JTBC 보도가) 진실하지 않은 사실의 보도라고 볼 수 없고, 신청인이 구하는 정정보도문 내용도 진실한 것이라고 볼 수 없어 신청인의 정정보도청구는 이유 없다"고 밝혔다. 언론중재위원회의 기각 결정 이후 취재팀은 더 과감하게 보도할 수 있었다. 시민단체는 물론 다른 언론사들의 지원도 이어졌다. 든든했다. 당시 미디어 전문 매체(미디어오늘) 등에선 취재팀을 인터뷰한 기사를 실어주기도 했다.

과거 판결문 입수,
수상한 '이스타 그룹' 구조 드러나

복잡하고 거대한 이스타항공 구조의 열쇠는 예상외로 이상직 의원의 형 이경일 씨 과거 판결문을 통해 얻을 수 있었다. 이 씨는 이스타항공 관련 회사들의 회삿돈을 빼돌린 혐의로 2015년 징역 3년을 받았다. 이 씨 판결문을 구할 때 취재팀의 마음은 '일단 파악할 수 있는 것들은 모두 알아보자' 정도였다. 판결문을 입수해 읽어 내려가면서 취재팀은 거대한 빙산을 마주해야 했다. 시작은 이스타항공이었지만, 그 뒤엔 '가족 경영'이란 더 크고 오래된 배경이 있었다.

> "이 사건으로 피고인이 얻은 이익은 거의 없고, 대부분의 이익은 피고인의 동생인 이상직이 취득한 것으로 보인다."
>
> — 청주지방법원 제11형사부

판결문의 가장 핵심적인 문장이었다. 이경일 씨의 횡령·배임 등 범죄 행위로 이익을 보는 사람은 따로 있었다. 판결문은 이경일 씨에 대한 것이었지만, 당사자만큼 많이 등장하는 사람은 이상직 의원이었다.

이 씨는 회삿돈 수백억 원을 동생인 이 의원 관련 회사에 지원하면서 자신이 경영한 회사엔 큰 피해를 줬다. 이 의원 아들의 골프코치를 직원으로 허위 등록해 7천만 원 넘는 돈을 지급했다. 또 이 의원 전 부인을 임원으로 등록해 4억 원이 넘는 돈을 지급하기도 했다. 검찰과 법원 모두 이들의 채용은 가짜였다고 판단했다. 참고로 취재팀은 이 판결문을 통해 이 의원의 이혼 사실을 알게 됐다. (이 내용은 뒷부분에서 더 자세히 다룬다.)

이러한 가족 경영 방식은 이 의원 해명에 대한 진정성을 의심

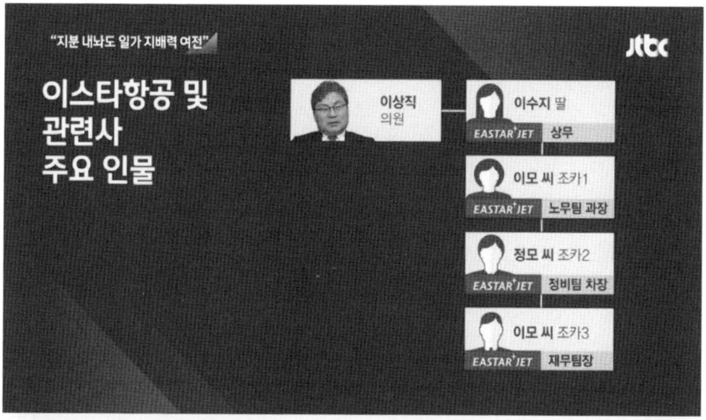

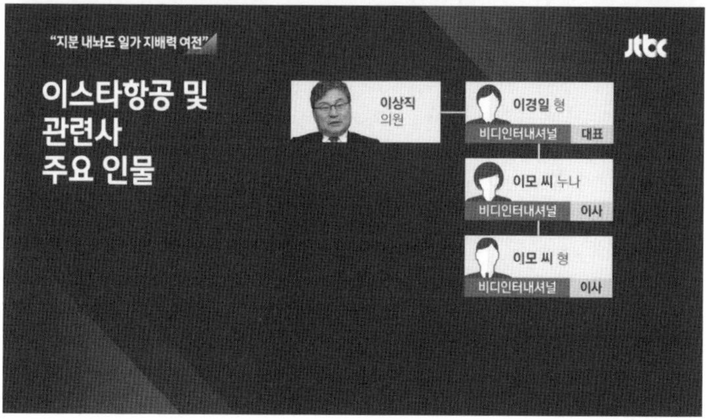

전문가들은 설령 이상직 의원 측이 지분을 회사에 헌납해도, 여전히 친인척 명의 주식이 남아 있고, 가족들이 임원직을 맡고 있어, 사실상 지배력을 유지할 수 있다고 지적했다.

케 했다. 취재팀의 최초 보도 닷새 만에 이 의원은 "가족 지분을 회사에 헌납하겠다"며 논란을 잠재우려 했지만, 결과적으로 실패했다. 주식을 헌납해도 지배력은 여전하다는 게 드러났기 때문이다. 아들딸 회사 지분이 사라져도 여전히 친인척 명의 주식이 남아 있고, 가족들이 임원으로 남아 있어 영향력을 계속 유지할 수 있다고 판단했다.

주식을 포기하기로 한 이 의원 딸은 당시 이스타홀딩스의 대표이자 이스타항공 상무였다. 이 의원 조카들도 재무팀, 노무팀, 정비팀 등에 포진해 있었다. 이스타홀딩스가 주식을 모두 포기하면 자연스레 단일 최대 주주가 되는 '비디인터내셔널'은 형 이경일 씨가 대표를 맡고 있던 회사였다. 이 의원의 또 다른 형과 누나는 이 회사 이사였다. 계열사들도 마찬가지였는데, 당시 이스타항공 노무팀 과장인 이 의원 조카는 자회사 이스타포트에서 사내이사를 맡고 있었다. 공식적인 직책이 없었던 이 의원의 영향력이 막강할 수밖에 없는 이유였다.

2대 주주 회사 대표인 친형 "내가 대표라고?"

이상직 의원 추적에 유독 시간이 걸렸던 이유는 주변 인물이 많았기 때문이다. 주로 이 의원 가족들이었다. 이경일 씨 역시 그 중 하나다. 이 씨는 비디인터내셔널 대표를 맡고 있었다. 이곳은 이 의원 딸이 대표를 맡고 있던 이스타홀딩스에 이어 이스타항공 2대 주주로 등록된 회사였다.

취재팀은 비디인터내셔널의 실체를 알아보기 위해, 공식적으로 등록된 본사 주소를 찾아갔다. 당황스럽게도 이스타항공 사무실이었다. 사무실도 없는 사실상 페이퍼컴퍼니였다. 이경일 씨를 만나 어떻게 된 건지 물어야만 했다. 이 의원 전주 지역구 자택에서 약 20분 거리에 있는 이 씨 집을 찾아갔다. 집엔 이 씨 아내가 있었다.

이경일 씨 부인과 JTBC 취재기자 인터뷰 내용

기자 안녕하세요. JTBC에서 나왔는데요. 이경일 대표님께 좀 여쭙고 싶어서 왔는데요.

이경일 아내 지금 안 계세요.

기자 사모님이세요?

이경일 아내 네. 저희 남편하고 얘기하세요.

기자 이 대표님은 언제쯤 오실까요?

이경일 아내 근데 왜요?

기자 저희가 이스타항공 관련 취재를 하고 있어서요.

이경일 아내 모르겠어요. 언제 올지. 남편이랑 얘기하세요. 지금 손님 오셔서 죄송해요.

아내는 말을 아낀 채 "남편과 얘기하라"만 반복했고, 결국 이

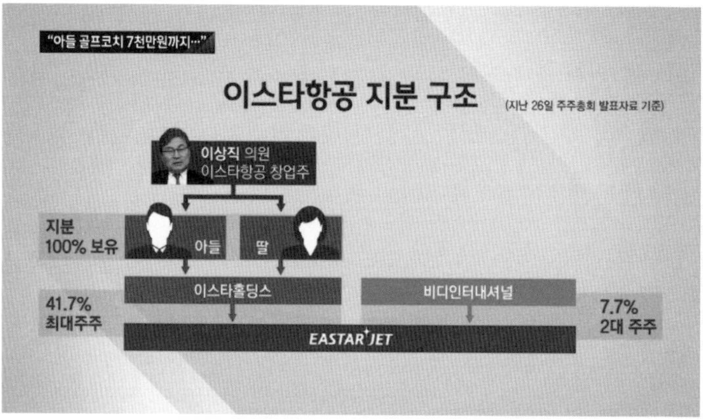

당시 이스타항공의 2대 주주 비디인터내셔널은 이상직 의원의 형인 이경일 씨가 대표를 맡고 있었다.

씨를 만날 수 없었다. 서울에서 전주를 자주 찾아가긴 쉽지 않았다. 어떻게든 전화번호를 구해 통화하기로 전략을 바꿨다. 수소문 끝에 이 씨 연락처를 구해 전화를 걸었다. 놀랍게도 첫 통화 시도에서 전화를 받았고, 예상외로 중요한 얘기를 많이 쏟아냈다.

이경일 씨와 JTBC 취재기자 인터뷰 내용

기자 지금 비디인터내셔널 대표를 맡고 계시잖아요?

이경일 그것도 오래되어서 지금 잘… 제가 지금 어떻게 돼 있었는지 잘 모르겠습니다. 활동하고 그런 상태가 아닐 거 같은데. 지워야 하는데 안 지우고 있는 거 같아요, 그게.

기자 아니, 대표님 거기 비디인터내셔널이 주요 주주로, 이스타항공에 참여하고 계시거든요. 모르셨어요?

이경일 네, 지금 전혀 뭐 내가 그런 것을 관여를 안 하다 보니까 전혀 모르겠어요. 모르겠고… 제가 지금 아는 게 없습니다.

예상 못했던 황당한 답변이었다. 이스타항공의 주요 주주인 회사 대표로 있으면서도, 자신이 대표를 맡고 있는지조차 모른다는 말이었다. 당시(2020년 6월 말 기준) 이스타항공 주주 현황에 따르면, 이스타홀딩스(41.7%)와 비디인터내셔널(7.7%)의 지분을 합치면 49.4%로 50%에 이른다. 이상직 의원은 7년간 이스타항공 경영에 관여하지 않고 있다고 주장하는 상황에서 사실상 1대 주주인 딸도 2대 주주인 형도 모두 "모른다"로 일관하고 있었다. 그렇다면 대체 이스타항공에 대해서 '아는' 사람은 누구일지, 진짜 '주인'은 누구인지, 취재팀은 끝까지 파헤쳐 보기로 했다.

결정적 제보자 '딥쓰로트'… "이 내용 다 감당하실 수 있겠습니까?"

A4용지 780장, 총 45만 자. 취재팀이 진행한 이상직 의원 추적 관련 인터뷰 속기록 분량이다. 직접 현장을 찾아가 부딪히기도

했지만, 무엇보다 취재 진도를 빠르게 나갈 수 있도록 도운 건 단연 제보자들의 용기였다. 첫 보도 이후 많은 제보가 쏟아졌다. 비행을 쉬고 있다는 이스타항공 승무원, 이상직 의원이 중소벤처기업진흥공단 이사장이었던 시절 밑에서 일했다는 직원, 총선 때 선거캠프에 있었다는 시민 등 다양했다. 이들이 취재팀에게 연락을 준 이유는 딱 하나였다. "그런 사람이 권력자가 되어선 안 되는데…" 걱정, 안타까움, 분노 때문이었다.

> "공익제보라는 게 참 어렵네요. 저도 지시받고 같이 일했으니까 공범인 건데, 또 스스로 배신자 같기도 하고…"
>
> — 핵심 제보자가 취재팀 기자에게 남긴 말

10년 넘게 이 의원이 운영하는 회사에서 고위급 임원으로 일했다는 핵심 제보자, 이른바 '딥쓰로트'는 이렇게 심정을 털어놨다. 통화는 5차례 정도 나눠서 이뤄졌고, 합치면 6시간 넘게 대화를 나눴다. 한 번 통화하면 최소 한 시간 이상 걸렸던 셈. 그가 한 얘기들은 측근이기 때문에 알 수 있는 내용인 만큼 정밀하고 정확했다. 특히, 이 의원과 관련된 회사 및 계열사 내부엔 친인척들이 포진해 있는 상황이기 때문에 이러한 핵심 제보자들의 입을 통하지 않으면 실제 내부 사정을 알기 어려웠다.

다만, 제보자의 신원이 드러날 수 있어 보도하지 못한 내용이 너무 많았다. 조금이라도 제보자가 특정될 수 있는 내용은 회사에서도 소수만 공유했다. 자연스레 보도 여부를 놓고 격론을 벌인 게 한두 번이 아니었다.

취재팀의 원칙은 확고했다. '기본을 지키자'였다. 취재원 보호는 기본 중의 기본이었다. 보도를 못 한다고 아무런 의미가 없는 건 아니다. 배경과 맥락을 이해하는 데 큰 도움이 돼 다음 취재에 결정적 역할을 했던 경우가 많기 때문이다. 신뢰 덕분에 때론 더 큰 제보가 이어지기도 한다.

> "이게 커지면 이상직 게이트가 될걸요? 대한민국이 흔들릴 수 있어요. 기자님, 이 내용 다 감당하실 수 있겠습니까?"
>
> — 핵심 제보자가 취재팀 기자에게 남긴 말

핵심 제보자들은 아는 게 많은 만큼 부담감 역시 커 보였다. 연신 우리에게 "감당할 수 있겠느냐"고 반문하는 제보자도 있었다. 그는 이 의원이 어떤 식으로 언론을 관리해 왔는지 설명했다. 제보자의 입에서 낯익은 언론인들의 이름이 줄줄 튀어나왔다. 어디서 무슨 술을 사줬고, 어떤 편의를 제공했고… 같은 기자로서 부끄러워지는 순간이었다. 언론만큼 감당하기 쉽지 않았던 건 정계 연결고리였다. 이 의원을 '기업사냥꾼'으로 표현하던 또 다른 제보자는 "이 의원이 의원직을 맡기 전후로 회사가 정치 민원이나 정치 지원을 하는 일이 잦아졌다"고 말했다. 채용 청탁을 비롯해 이 의원의 정치적 입지를 강화하기 위해 회사가 동원됐다는 증언이 이어졌다.

단순히 이스타항공 직원들의 아픔과 이 의원 개인의 의혹을 파헤치는 수준이 아닐 수 있겠다고 직감했던 건 이렇듯 핵심 제보자들과의 대화를 통해서였다.

공무상 갔다던 해외 출장, 실상은 아들 골프대회

핵심 제보자가 어렵게 털어놓은 여러 이야기 중 하나는 이상직 의원이 중소벤처기업진흥공단(이하 중진공) 이사장 시절 공무상 떠난 해외 출장 상당수가 실제로는 아들 골프대회 때문이었다는 얘기였다. 제보 내용은 믿기 어려울 정도로 구체적이었다. 특히 중국으로 출장을 갔는데, 이스타항공 직원들이 의전을 하느라 정신이 없었다는 내용에 관심이 갔다. 공공기관 이사장 신분으로 공적인 출장을 가서 사적인 활동을 한 것도 모자라, 손을 뗐다던 회사 직원들까지 동원했다는 매우 민감한 제보였다.

이 의원 측은 "주말에 잠깐 갔을 수는 있지만 평일엔 절대 골프장을 가지 않았다"면서 "이스타항공 직원들이 동행한 사실도 없다"고 해명했다. 사실관계는 오로지 취재팀이 증명해야 할 과제였다. 제보 내용이 워낙 구체적이었던 만큼 시간을 투자하면 반드시 증명해낼 수 있다고 믿었다.

먼저 이 의원 출장 기간을 확인했다. 취재팀이 입수한 '출장 계획안'엔 중국과 국내 중소벤처기업을 지원하는 협력 체계를 구축하기 위해 2019년 9월 23일부터 30일까지, 7박 8일간 상하이와 베이징을 방문하겠다고 나와 있었다. 23일 출국일을 제외하면, 24일부터 공식 일정은 하루에 한두 건 정도 적혀 있었다. 같은 달 있었던 아시아아마추어골프대회(AAC)는 26일부터 나흘간 진행됐는데, 본 대회 전 연습라운드가 있었던 24~25일 이틀까지 포함하면 출장과 완전히 겹쳤다.

실제로 현장에 갔는지가 관건이기 때문에 취재팀은 당시 대회에 참가한 다른 선수, 그 선수의 골프코치, 이 의원 아들의 골프코치, 대회 관계자 등 다방면으로 사실관계 확인에 들어갔다. 취재 대상이 워낙 많았기에 역할을 나눠 연락을 돌렸다. 해당 대회는 아시아에서 유망주 골퍼들의 세계 무대 등용문으로 불렸던 터라 언론 보도가 꽤 많았다. 덕분에 한국 출신 참가 선수들 역시 보도를 통해 파악할 수 있었다. 대회에 참가했던 A선수와 어렵게 연락이 닿았다. 한국 선수들이 몇 안 되기 때문에 당시 상황을 기억해 내는 건 그리 어렵지 않았다.

A선수는 "당시 이 선수의 아버지가 전 이스타항공 사장인지는

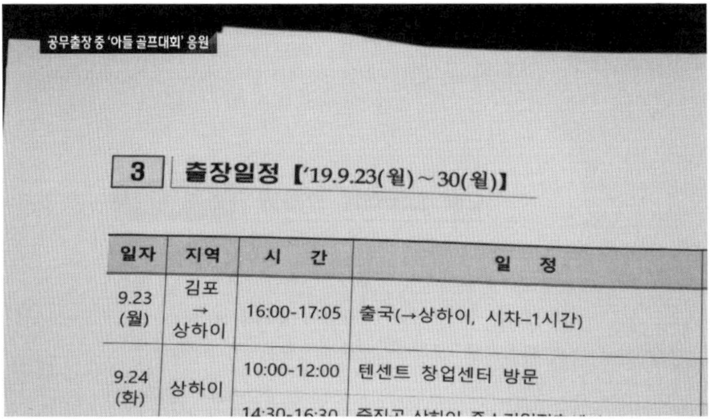

중소벤처기업진흥공단 이사장 시절의 출장 기록. 이상직 의원은 7박 8일 동안 중국 상하이와 베이징을 방문했다. 같은 기간 이 의원 아들이 참가한 골프대회가 진행됐다.

몰랐다"면서 "연습라운드뿐만 아니라 사흘간 진행한 대회 내내 같이 있었다"고 말했다. 이 의원이 대회 현장에 있었다는 걸 가장 처음으로 정확하게 확인해 줬던 셈이다. 하지만 한 사람의 기억에만 의존할 순 없었다. 맨땅에 헤딩 느낌으로 대회가 열린 중국 상하이 서산국제골프클럽에 전화를 걸었다. 해당 골프장은 회원을 동반하지 않으면 라운드를 할 수 없는 정통 프라이빗 골프장으로, 여러 골프대회나 투어가 많이 열리는 곳이었다. 평소에도 개인 회원 중심으로 운영하는 곳이라, 너무 당연하게도 이 의원이 참관자 목록에 있었는지 확인이 어렵다는 원론적인 답변이 돌아왔다. 벽에 막힌 취재팀은 A선수 외 다른 목격자를 더 찾아보기로 했다.

하지만 1년 전, 그것도 프로가 아닌 아마추어 대회의 상황을 알고 있는 사람을 찾기란 쉽지 않았다. 여기저기 수소문하던 중 당시 대회에 참석했던 모 선수의 골프코치 B씨의 연락처를 입수할 수 있었다.

대회 참가 골프코치 B씨와 JTBC 취재기자 인터뷰 내용

기자 연습라운드는 본라운드 전에 있었던 거죠?

B씨 네, 24~25일 이틀간 연습라운드를 했네요.

기자 본라운드는 26~29일 나흘간 있었고요.

B씨 네.

기자 이 선수의 아버님이 이상직 의원이시잖아요.

B씨 네 맞아요.

기자 당시엔 중진공 이사장이었는데, 의원도 현장에 오신 건가요?

B씨 네. 오셨어요. 끝날 때까지 계셨어요.

기자 연습라운드 때만 오셨던 게 아니라요?

B씨 아니요. 대회 끝날 때까지 계셨어요.

기자 그럼 29일까지 계속 계셨던 거예요?

B씨 저랑 같이 비행기 타고 한국에 같이 들어왔거든요.

골프코치 B씨의 기억은 훨씬 더 정확했다. 심지어 돌아오는 비

행기를 같이 탔다니. 팩트에 바짝 다가간 느낌이 들었다. 며칠 뒤 취재팀은 이 의원 아들을 직접 가르친 당시 골프코치 C씨와도 연락이 닿았다.

C씨는 취재팀이 전화한 것에 대해 매우 불쾌한 모습을 보였다. 취재팀이 보도한 판결문엔 이 의원의 형 이경일 씨가 C씨를 회사 직원으로 허위 등록해 7천만 원 넘는 돈을 줬다고 명시돼 있었기 때문이다. 이 사안에 대해 질문하자 C씨는 "다 지난 얘기를 왜 물어보냐. 민감한 걸 대답할 이유는 없는 것 같다"며 피했다. 한껏 방어적인 자세가 된 C씨에게 골프대회 관련 질문을 시작했다. 그는 숙소, 식사 등 대회에서의 비용과 관련해 일체 알고 있는 바가 없다는 기조를 통화 내내 유지했다.

이상직 의원 아들 골프코치 C씨와 JTBC 취재기자 인터뷰 내용

기자 상하이 대회에서 이상직 의원한테 금전적인 이득을 받은 것은 없다는 거죠?

C씨 네. 저는 선수를 가르치는 사람이지 그쪽하고 관계있는 것은 없어요.

기자 그럼 의원님이 직접 해준 건 그때 아무것도 없는 거예요?

C씨 네, 방을 누가 결제했는지 그런 것들은 잘 몰라요.

기자 식사도 하셨잖아요.

C씨 당연히 식사야 한 적 있죠. 그걸 누구 돈으로 냈는지 제가 어떻게 알

아요.

기자 당시 중진공 이사장인데, 이사장이 결제를 하면 국민 세금일 수 있다는 건 생각 안 해보셨어요?

C씨 이사장님만 계신 건 아니었거든요.

기자 다른 사람들이 또 있었던 건가요?

C씨 이스타항공 직원들도 있고, 다 있었죠.

C씨가 얼떨결에 한 말 덕분에 퍼즐이 완성될 수 있었다. 앞서 A선수, B코치 등은 알 수 없었던 이스타항공 직원들의 동원 역시 C씨를 통해 확인한 셈이었다. 다만, 공식적인 확인이 어느 때보다 절실했던 터라 대회 관계자 여럿에게도 추가 확인을 요청했다. 그중 한 명에게 답장이 왔다. 자신의 이름을 밝히지 말아 달라는 대회 관계자는 취재팀과의 이메일에서 "이 의원이 참석한 것으로 확인된다"고 밝혔다. 퍼즐의 완성이었다.

"어? 이상직 의원 아니야?"

증언을 완벽하게 확보했지만, 영상은 없었다. 방송 뉴스에선 신문과 달리 영상이 매우 중요하다. 물론, 영상 없이도 보도할 수 있지만, 영상이 있을 때와의 파급력은 하늘과 땅 차이다. 혹시나 하는 마음을 갖고 인터넷을 뒤졌다. 검색어 등을 바꿔가며 당시

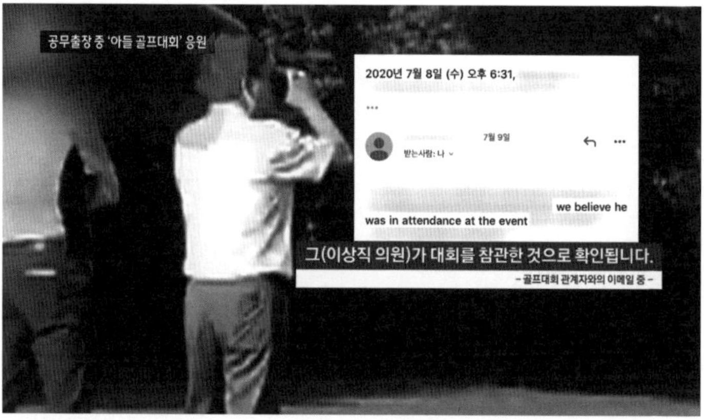

취재팀이 발견한 영상 속엔 골프장 필드를 거니는 이상직 의원의 모습이 고스란히 담겨 있었다. 익명을 요구한 대회 관계자는 이 의원의 참석 사실을 공식 자료를 통해 확인해 줬다.

대회 관련 모든 자료를 확인해 나가는 과정에서 우연히 이 의원 모습으로 보이는 영상을 발견했다. 당시 연습라운드 자리에 있었던 동료 선수의 관계자가 인터넷에 올린 영상이었다. 영상의 포커스는 다른 동료 선수였지만, 그 뒤로 연습하러 나가는 이 의원 아들이 보였다. 이어 정장을 입고 아들을 지긋이 바라보는 이 의원 얼굴이 고스란히 영상에 담겨 있었다. 양복 재킷을 한 손에 걸치고 아들이 연습하는 필드를 걸어 다니는 모습도 잡혔다. 누가 봐도 이 의원이 분명했다.

취재팀의 '공무상 출장 중 아들 골프대회 참석' 보도 이후, 출장과 관련된 의혹들이 잇따라 제기됐다. 이 의원이 아들 골프대회 기간 집중적으로 미국 출장도 다녀왔다는 보도들이 잇따랐다. 중진공 이사장 재임 시절인 2018년 3월부터 2019년 1월까지 26차례 해외 출장을 갔는데, 6~7차례가 미국에서 이뤄졌고, 그중 4차례는 아들의 골프대회가 열리는 지역 인근으로 갔다는 내용 등이었다.

"국민의 혈세를 자기 돈처럼 쓴 정황이 드러났다"는 비판이 쏟아졌다. 다른 언론사 탐사팀들도 취재 경쟁에 하나둘 합류하기 시작했다. 취재량이 너무 많아 버거웠던 취재팀에겐 경쟁자가 아닌 든든한 우군이나 마찬가지였다. 자료를 요청하는 타사 기자들에게 적극적으로 정보를 공유해 주기도 했다. 취재팀만의 힘보다 언론의 연대가 더욱 필요한, 그만큼 거대한 사안이었다.

유명무실한
항공사 대주주 적격성 심사

항공사는 아무나 소유할 수 없다. 엄격한 심사 과정을 거쳐야 한다. 국가 기간산업인데다 안보와도 밀접한 연관이 있기 때문이다. 취재팀은 이상직 의원 자녀가 어떻게 항공사 대주주 자격을 가질 수 있었는지 의문이 생겼다.

특히 2015년 이상직 의원 아들딸이 만든 페이퍼컴퍼니 이스타홀딩스가 이스타항공을 인수할 당시 아들 이원준 씨의 나이는

17살이었다. 미국 학교에 재학 중인 아마추어 골프선수가 국내 유력 저비용항공사의 실질적 '오너'가 됐다. 국토교통부의 심사를 거쳐 이뤄진 일이었다.

국토부에 정보공개를 청구했다. 심사 과정은 너무나도 허술했다. 국토부가 제출한 자료엔 최대 주주를 정확히 어떻게 평가했는지 구체적인 내용이 담기지 않았다. 외국 법인이나 임원 여부, 외국 지분 50% 이상 여부, 항공 관련 범죄 경력 등만 확인했다는 내용이었다.

추가 전화 취재에서도 "법대로 했다"는 말만 반복했다. 국토부 관계자는 "항공 주권 수호 차원에서 외국인 지분이냐 아니냐 정도만 본다"면서 "(대주주 신상, 자본 출처 등은) 관여할 부분이 아니"라고 말했다.

'대한항공 땅콩회항' 사건 이후 항공사 대주주 적격성 심사를 강화해야 한다는 목소리가 커졌지만, 아무것도 바뀌지 않았다. 박상인 경실련 정책위원장(서울대 행정대학원 교수)은 "항공사 대주주 자격 요건이 없다는 게 말이 안 된다"며 "당연히 규제가 필요한 영역"이라고 지적했다.

이후 국회에선 "또 다른 이스타항공 사태를 막기 위해서라도 항공사 대주주 적격성 심사를 강화해야 한다"는 목소리가 나왔지만, 코로나19 팬데믹에 따른 항공업 불황 등의 영향으로 논의 자체가 흐지부지됐다.

민주당 지도부의 침묵과 부대변인의 부적절 개입

이상직 의원을 향한 온갖 문제가 터져 나오고 있었지만, 민주당 지도부는 철저하게 침묵했다. 당원 게시판에도 "이상직 의원을 출당시켜야 한다"는 요구가 빗발쳤지만, 자칫 당 전체로 '불공정' 책임 소재의 불씨가 옮겨붙을까 애써 외면하는 모양새였다. 송갑석 민주당 대변인은 관련 질의에 "이 의원과 관련해 당내 논의는 아직 없다. 언제 논의하자는 얘기도 없고 본인이 당에 해명한 것도 아직 없는 것으로 안다"고 말하기도 했다.

더 황당했던 점은 이런 상황에서 민주당 부대변인이 직접 이스타항공 조종사노조위원장에게 전화를 걸어 '임금체불' 문제를 수습하려 했다는 사실이었다. 처음 이 이야기를 들었을 때 취재팀은 믿을 수 없었다. 민주당 지도부가 계속 침묵으로 일관하며 문제 해결에 나설 의지를 전혀 보이지 않고 있는 상황에서 당 부대변인이 노조에 직접 연락해 회유했다는 것 자체가 말이 안 되는 일이었기 때문이다. 취재팀은 김현정 민주당 부대변인과 박이삼 이스타항공 조종사노조위원장의 통화 녹음파일을 입수해 들어봤다.

김현정 민주당 부대변인과
박이삼 이스타항공 조종사노조위원장의 통화 내용

민주당 부대변인 이상직 의원한테 한참 얘기했거든요. 일단은 그 110억에 대한 건 노사가 합의하시고. 이스타 노조에서는 딜이 성사될 수 있도록 '제주항공도 전향적으로 (협상에) 나서라' 해주면 되지 않을까요?

노조위원장 그런데 집행부 의견은 임금은 전체를 어떻게 하겠다라는 합의가 나와야지 2, 3월만 합의하고 나머지는 어떻게 될지 모르는 상황을 만드는 건 잘못됐다는 거예요.

체불임금 절반이 안 되는 110억 원을 주겠단 사측의 요구를 노조가 받는 걸로 합의하자는 제안이었다. 이와 함께 그는 노조가 당시 이스타항공과 협상하고 있던 제주항공에 입장을 표명해 달라는 요구도 전했다. 한마디로 현재 이상직 의원 등 오너 일가를 향한 책임을 제주항공 쪽으로 돌려 달란 말이었다. 이 의원 개인 대변인이나 할 법한 얘기였다. 이에 노조는 오너 일가의 명분 쌓기용 협상은 곤란하다고 거절했다. 그러자 김 부대변인은 "지금 보니까 목표가 이상직 의원이네. 조합원이 목표가 되어야지"라고 비꼬듯 말하기도 했다.

민주당 당직자가 개입한 게 문제가 되자, 김 부대변인은 "민주노총 출신으로서 임금체불 문제가 해결되길 바라는 마음으로 선의로 중재한 것"이라고 해명했다. 민주당 측은 "부대변인 개인의 일"이라고 선을 그을 뿐이었다. 집권 여당의 핵심 당직자가 노동자들의 임금체불 고통을 헤아리지는 못할망정 사태를 촉발한 이 의원 편을 든다는 것에 비판이 쏟아졌다. 이후에도 민주당은 묵묵부답을 이어갔다.

이스타 '전주'와의 만남 "큰코다칠 거라 경고했었다"

다시 정리해보자. 2015년, 이상직 의원의 스물여섯 딸과 열일곱 아들은 자본금 3000만 원짜리 페이퍼컴퍼니를 만들었다. 곧바로 어디선가 거액을 빌려, 이스타항공 주식을 사들였고, 최대주주가 됐다. 취재팀의 편법증여 의혹 보도 이후 이 의원 측은 사모펀드에서 80억 원을 빌렸다고 해명했다. 그 사모펀드는 뭘 믿고 그런 거액을 흔쾌히 빌려준 걸까. 심지어 담보 주식의 가치는 0원으로 평가된 상태였다. 상식적이지 않은 거래의 이면을 밝혀내야 했다. 이스타항공 측에서 사모펀드에 대한 정보를 줄 리 없었다. 아무리 물어봐도 "투자자들이 정보 공개를 원치 않는다"는 말과 "합법적인 거래였다"는 말만 반복했다. 어떻게든 그 사모펀드를 찾아내야 했다.

일단 사모펀드는 '서래 1호 조합'일 거라고 판단했다. 당시 공개된 주요 주주 명단에 있었기 때문이다. 자금 대여를 통해 지분을 확보하게 됐을 가능성이 컸다. 참고로 당시 저비용항공사들의 인기가 매우 높아지던 시점으로 이스타항공 역시 큰 관심을 받고 있었다. 규모가 규모인 만큼 찾아낼 수 있을 것 같았다.

금융권 사람들부터 접촉했다. 은행과 사모펀드 관계자들에게 전화를 돌렸다. 대부분 "처음 듣는다"고 했다. 그러던 중 한 투자업계 관계자가 이런 말을 했다. "보통 그럴듯한 영어 이름을 붙이는데, 이렇게 이름을 지은 것 보면 거주지를 중심으로 몇몇 '쩐주'들이 모여서 만든 것 같다"고 했다. 서울 서초 '서래마을'에 거주하는 부자들이 모여서 특수한 목적으로 1호, 2호, 3호… 여러 투자조합 형태의 사모펀드를 운영하는 것 같다는 주장이었다. "실제 강남 등 일부 부촌에서 심심찮게 목격되는 방식"이라고도 했다.

취재에 속도가 붙었다. '서래마을' 주변 모든 은행과 증권사 리스트를 뽑았다. 이 정도 규모라면 VIP 고객일 테니, 각 금융사 관계자들에게 전화를 돌리면 윤곽이 잡힐 거라 봤다. 물론, 이 과정도 쉽진 않았다. 고객 정보를 알려주는 것 자체가 법적 문제가 있을 수 있기 때문이었다. 그래도 포기하지 않았다. 이 정도 돈을 굴리는 사람이라면 동네에서 모를 리 없다는 믿음을 갖고 추적을 이어갔다.

그러던 중 금융권 관계자로부터 나름 신뢰할 만한 정보를 얻게

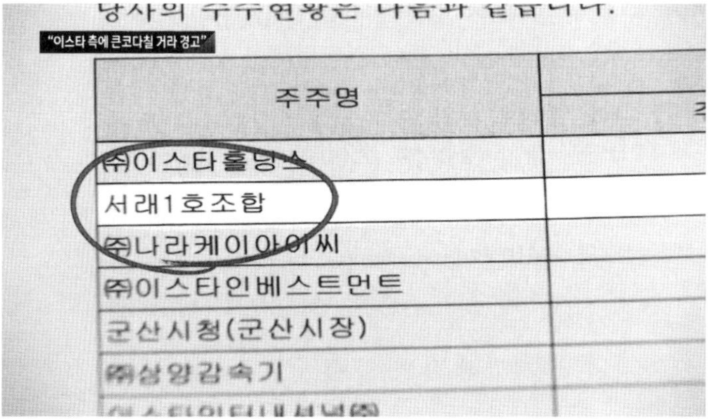

이스타항공 주주 명단에 등장하는 ‘서래 1호 조합’. 이상직 의원 아들딸이 만든 페이퍼컴퍼니에 80억 원을 빌려준 사모펀드다.

됐다. 그 ‘쩐주’가 서울 서초를 기반으로 하는 사업가란 사실과 회사명을 알아냈다. 회사 법인 등본을 떼봤다. 사무실 주소와 집 주소가 적혀 있었다. 우선 회사를 찾아가 보고, 만약 그곳에 없다면 집을 찾아가기로 계획을 세웠다.

워낙 중요한 인물이라 철저하게 작전을 세웠다. 혹시 취재팀을 만나면 도망갈 수도 있다고 생각했기 때문이다. 취재기자 2명과 영상취재기자 1명, 여기에 운전기사까지 총 4명에게 각각의 역할이 부여됐다.

회사 사무실은 서울 서초동 작은 빌딩이었다. 사람 왕래가 적은, 회사 사무실 위주의 건물이었다. 빌딩 앞에 내리자마자 푸른색 계통의 멋진 블레이저를 차려입고 건물 밖으로 나오는 노신사가 눈에 띄었다. 우리는 직감적으로 '저 사람이 쩐주!'라고 판단했다. 무작정 달려가 붙잡았다. 영상취재기자는 곧장 밑대기(카메라 촬영을 안 하는 것처럼, 카메라를 손으로 들고 있지만, 실제론 촬영 버튼을 눌러 모든 상황을 기록하는 취재 방식)에 돌입했다.

"이스타홀딩스에 80억 원 빌려주셨잖아요. 어떤 계약 조건이 있었는지 궁금해서 왔습니다."

노신사는 취재팀이 매우 신기하다는 듯 역으로 이것저것 질문을 했다. 그는 "요즘 이스타항공 문제가 많다고 뉴스에 나오더라" 등 취재 관련 이야기를 꺼냈다. 취재팀은 더욱 확신에 찼다. 그런데 뭔가 이상했다. 호기심 가득한 노신사, 뭔가 알고 있는 것 같긴 한데, 어설펐다. 결국 그는 이렇게 말했다.

"아~ 나는 여기 건물주고, 여러분이 찾는 사람은 여기 ○층 대표랍니다. 그러잖아도 곧 이사 간다고 해서 만나고 오는 길이야. 난 또 기자들이 이렇게 오니까 궁금해서 이것저것 물어본 거야."

서래 1호 조합의 '쩐주'인 줄 알았는데… 당황스러웠다. 그것도 잠시. 다시 정신을 차렸다. 그가 건물 안에 있는 게 확실했다. 노신사에게 연거푸 감사하다는 인사를 하고, 곧장 위로 올라갔다.

이사를 앞둔 듯 이미 휑한 상태였다. 정말 아슬아슬하게 찾아냈다고 생각했다. 입구는 단 한 곳으로, 직원 한 명이 있었다. 일단 취재 요청을 해보고 거절하면 무작정 기다릴 생각이었다. 직원에게 찾아온 목적을 설명했다. 예상 밖의 답이 돌아왔다.

"대표님이 대표실에서 뵙자고 하십니다. 안으로 들어오세요."

그는 호탕한 사업가 느낌이었다. "하하하! 어떻게 알고 찾아왔어요?" 자신감 넘치는 목소리였다. 취재팀은 약간 당황스러웠다. 여차하면 본인도 수사 대상이 될 수 있을 상황에서 이례적인 모습이었다.

"제가 다 설명해 줄게요. 근데 제가 촬영할 생각은 없으니까, 촬영 장비는 내보내 주시고요."
"알겠습니다. ○○(영상취재기자 이름)는 잠깐 밖에 나가 있어."

이때 손가락으로 빙글빙글 돌리는 싸인을 줬다. 카메라는 밖으로 나가지만, 촬영은 계속하란 뜻이다. 취재 내용이 워낙 민감한 사안이기에 어떤 식으로든 녹음은 필수적이었다. (취재 카메라는 꽤 멀리 떨어져 있어도 무선 마이크를 통해 음성 녹음이 가능하다.) 보도 이후 "나는 그런 말 한 적 없다"고 발뺌하면 정말 난처한 상황이 될 수 있기 때문이었다. 그의 음성을 직접 사용할지 말지를 떠나, 녹음은 필수였다.

취재팀은 질문을 쏟아냈고, 그는 발뺌하지 않았다. 당시 상황부터 자세히 설명하며 "투자자 입장에서 합리적인 판단을 했다"고 말했다. 당시 제주항공이 상장됐을 때인데 "제주항공 시가총액이 그 당시 8천억 원에서 1조 원 사이를 왔다 갔다 했다"면서 이스타항공에 투자하는 게 이득이 될 수 있다고 판단했다고 했다. 그러면서 빌려준 80억 원만큼 나중에 주식 약 77만 주를 받기로 한 투자 계약서가 따로 있다고 밝혔다.

"(이스타항공 측이 공개한 서류는) 그건 돈을 빌려주는 계약서고, 투자하는 계약서는 따로 있을 거 아니에요. 우리가 그 77만1000주를 사기로 한 거죠. 그래서 우리는 그런 딜을 했던 거고."

그러면서 오히려 금전 거래 당시 문제의 소지가 보여 경고했다고 말했다. 이 의원 측에게 법적으로 문제가 될 수 있다는 부분을 지적했다는, 매우 중요한 팩트였다.

"'큰코다칠 거야. 세금이라는 건 몇 년에 걸쳐 나오면 덩치가 커져서 나오니까. 너희들은 나중에 이거 때문에 곤욕을 치를 거다'라고 저는 딱 경고 발언을 했죠."

사모펀드 대표는 이 의원 딸 이수지 이스타홀딩스 대표는 실질적 권한이 없다면서 "걔(이수지 대표)는 아무것도 몰라. 찾아가 봐야 없어. 나랑 도장 찍을 때 한 번 봤다"는 말을 하기도 했다. 그는 돈을 빌려주면서 추후 법적으로 문제가 될 수 있다는 부분을 여러 차례 지적했다고 강조했다. 그 역시 상식적인 선에서 생각했을 터였다. 아들딸이 소유한 이스타홀딩스에 이스타항공 주식을 넘긴 회사들이 모두 아버지 이상직 의원 영향력 아래에 있었기 때문이다.

하지만 이 의원 측은 끝내 경고를 무시했다고 한다. 그는 "(이 의원 측에) 법률적으로 자문을 했다면 할 말 없어. 그런데 이건 세법상으론 부당거래에 해당할 수 있다고 경고했다"고 말했다. 다만 사모펀드 대표 역시 이 의원 자녀가 주식을 정확히 얼마에 사는지는 몰랐다고 했다. 의도적으로 낮게 평가해서 싸게 넘겼을 가능성이 큰데 이 부분까진 모른다고 주장했다.

취재팀과 회계자료를 분석한 한 회계사는 "당시 이스타항공은 흑자 전환에 성공한 때"라며 "경영권을 넘기는 시점을 정할 때, 내부 정보가 영향을 줬을 가능성이 있다"고 분석했다. 회사 가치가 높아지기 직전, 법률적으로 가능한 가장 최적의 시점에 주식을 넘겼을 것이란 분석이었다.

사모펀드와의 거래 조건만 놓고 봐도 쉽게 추정할 수 있는 문제였다. 사모펀드는 빌려준 80억 원만큼 나중에 주식 약 77만 주

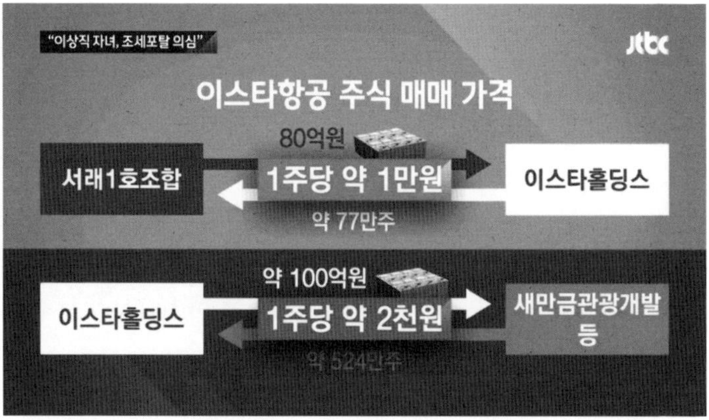

취재팀의 분석 결과 이 의원 아들딸은 2015년 당시 이스타항공 주식을 1주당 약 2000원에 매입한 것으로 추정됐다. 반면 사모펀드 ‘서래 1호 조합’은 1주당 약 1만 원에 주식을 사들였는데, 전문가들은 이 의원 아들딸이 실제 가치보다 싸게 지분을 매입한 것으로 판단했다.

를 받는 조건이라고 했다. 그렇다면 1주당 1만 원 남짓으로 추정된다. 그런데 2015년 당시 이 의원 아들딸은 약 100억 원으로 524만 주를 매입했다. 1주당 약 2000원인 셈이었다. 회계사들은 “자녀가 저가로 지분을 매입해 최대 주주가 됐을 가능성이 있다”고 지적했다.

> “세법상 ‘부당행위계산부인’이 될 수 있는, 세법상 그와 같은 조항들을 피해 가기 위한 편법을 부리지 않았나, 이렇게 의심됩니다.”
>
> — 김경율, 경제민주주의21 공동대표(회계사)

이스타항공 측에도 해명을 요구했다. 이스타항공 측은 “당시 채권자로부터 그런 경고를 들은 적이 없다"고 반박했다. "기존에 공개한 계약서 외에 또 다른 계약서는 존재하지 않는다"고도 덧붙였다.

보도 이후 참여연대 등 시민단체들이 국세청에 수사를 의뢰하는 등 적극적으로 움직였다. 참여연대는 "페이퍼컴퍼니를 동원해 자녀에게 주식을 저가로 넘긴 것으로 의심된다"며 "국세청에 조사를 요구한 것도 바로 이 때문"이라고 밝혔다. 참여연대는 국세청을 향해 "조세 정의를 세워 달라"고 했다. 사안이 점점 더 커지고 있었다.

선거공보물 '허위 사실' 적시, 취재팀에 딱 걸렸다

각종 의혹 보도를 쉴 새 없이 이어가던 어느 날, 이상직 의원이 총선에 나서며 선거공보물에 거짓된 내용을 적었단 제보를 받았다. 이 의원은 2003년 증권거래법 위반으로 1500만 원의 벌금을 냈다. 제보자는 이 의원 본인이 주범이지만 선거공보물 소명에선 '직원에게 책임이 있고 본인은 대표였기 때문에 함께 처벌받았을 뿐'이라고 거짓 표기했다고 전했다.

당시 증권거래법 215조 양벌규정은 직원이 업무와 관련해 위법행위를 하면 업무 주체인 대표도 함께 처벌하도록 했다. 이후 잘못이 없는 대표까지 처벌하는 건 지나치다는 이유에서 2013년 위헌 결정을 받았는데, 본인도 그러한 경우란 해명을 넣은 것이었다. 실제 이 사유가 맞는지 확인이 필요했다.

선거공보물은 선거관리위원회에서 계속 보관하고 있기에 바로 확인이 가능했다. 문제는 과거 이상직 의원의 증권거래법 위반 혐의가 구체적으로 담긴 약식 명령문 확보였다. 정식 재판에 따른 판결문이 아니었기에 구하기가 쉽지 않았다. 대구지법 창고 어딘가에 보관돼 있을 약식 명령문을 구하기 위해 이곳저곳에 요청서를 넣고 기다리던 중 한 의원실에서 연락이 왔다. 해당 약식 명령문을 확보했다는 반가운 소식이었다.

약식 명령문을 살펴보니, 제보 내용은 사실이었다. 이 의원이 주범이었다. 이 의원이 경영권 위협을 방지하고 시세 차익을 남길 목적으로 자금 35억 원을 제공했다고 명시돼 있었다. 그리고 이 돈은 주가 조작 기술자를 통해 실제 주가 조작에 쓰였다. 위헌 결정이 된 법 조항과는 무관하게 본인에게 잘못이 있는 게 명백했다.

이 의원 측에 여러 차례 해명을 요구했지만, 아무런 답을 듣지 못했다. 국민의힘 '이상직 의혹 TF'는 취재팀의 보도 이후 즉각 이 의원을 검찰에 '공직선거법상 허위사실공표' 혐의로 고발했고, 검찰은 이 의원을 기소했다.

선거운동 함께 뛴 '전 부인'을 둘러싼 차명재산 의혹

핵심 제보자를 통해 알게 된 또 다른 사실은 이상직 의원 '전 부인'과 관련된 내용이었다. 취재팀이 이 의원 이혼 사실을 가장 처음 알게 된 건 형 이경일 씨 판결문을 통해서였다. 판결문에 따르면 이 씨는 이스타항공 계열사들의 돈을 빼돌려 회사에 큰 피해를 줬고, 결국 2015년 횡령·배임 혐의가 최종 인정돼 징역 3년 실형이 확정됐다. 이때 이 씨가 빼돌린 회삿돈은 이 의원 누나, 이 의원 아들 골프코치 등에게 흘러갔다. 유독 눈에 띈 건 '전처'였다. 이 씨는 '이 의원 전처'를 회사 임직원으로 허위 등록해 4억 원 이상을 지급했다. 판결문엔 2001년 2월 이 의원이 이혼했다고 구체적으로 적혀 있었다.

취재팀이 당황했던 건 직전 선거 유세 현장에 이 의원 '전 부인'이 등장했기 때문이었다. 당선이 확정되자 이 의원과 함께 손을 들어올리는 모습도 포착됐다. 이혼한 부인이 '전 남편'의 선거운동에 부부처럼 함께했으리라고는 생각지 못했다. 심지어 2018년 중진공 이사장 시절 연 출판기념회에서도 그들은 함께였다. 주요 공식 석상에 있었던 여성이 오래전 이혼한 전 부인이란 사실에 취재팀은 적잖이 당황했다. 판결문 외에 사실 확인을 더 하고 싶었다.

핵심 제보자는 "아마 많은 직원이 모를 것"이라며 "서류상 이혼하고 재산을 나눠 딸이 미국에 유학 갈 때 같이 간 것으로 들었다"고 말했다. 박시형 변호사는 "법적으로 이혼한 상태지만 출판기념회나 선거운동을 같이하는 것으로 봐서는 위장 이혼 상태로 추측된다"고 분석했다.

이혼은 개인에게 매우 민감한 부분이다. 지나친 사생활 침해가 아닌지에 대해 취재팀은 내부적으로 의견을 나눴다. 결론은 보도였다. 이유는 단순했다. 이 의원이 재선 국회의원에 중진공 이사장 출신인 고위공직자였기 때문이다.

고위공직자는 재산을 성실하게 신고해야 할 의무가 있다. 문제는 이혼한 사람의 재산은 공개되지 않는다는 점이다. 이스타항공조종사노조가 취재팀 보도 이후 이 의원 차명재산 의혹을 주장했던 이유이기도 하다.

이 의원 측으로부터 아무 말도 들을 수 없었던 취재팀은 전 부인을 직접 만나기 위해 수소문했다. 취재팀은 이 의원 서울 서초구 자택에서 주민들의 목격담을 들을 수 있었다. 한 이웃 주민은 "중년 여성을 자주 봤다. 왔다 갔다 하는 것을 몇 차례 봤다"고 말했다. 경비원으로부터도 확인할 수 있었다. 그는 "이상직 의원네 부부가 사는 곳이 맞다"며 "사모님은 최근 며칠간 보지 못했다"고 말했다.

한동안 답이 없었던 이 의원 측은 결국 사실을 인정했다. 이 의원 측 관계자는 "가정사가 있다. 자세한 건 말할 수 없다"며 "아들딸이 어머니에게 아버지를 도와주라고 부탁해서 (이혼했음에도 선거를) 도와준 것"이라고 말했다. 차명재산 의혹은 사실과 다르다고 반박했다. 이혼 자체는 사실이지만, 재산 공개 문제를 피하려고 고의로 그랬던 건 아니란 주장이었다.

취재팀 보도 이후 대중은 분노했다. 전혀 상식적이지 않았기 때문이다. 노조 관계자는 "결국엔 사실혼 관계"라고 목소리를 높였다. 이 의원과 수시로 함께하고, 심지어 이 의원 자택에 머물렀던 사람이 어떻게 '전처'일 수 있느냐는 비판이었다. 차명재산 의혹은 더 커졌다. 다른 걸 떠나서 국민을 속인 것 아니냐는 비판의 목소리가 쏟아졌다.

> "충분히 사실혼 관계라고밖에 볼 수가 없는 거예요. 전 부인이 아들의 유학비며 그쪽에서의 생활비 이런 문제들을 도대체 어떻게 해결하느냐를 의심해 볼 필요가 있다는 거죠."

— 박이삼, 이스타항공 조종사노조위원장

본회의장 아닌 집 앞에서의 만남…
헌납했다던 주식은 어디로?

의혹이 늘어날수록 취재팀이 이상직 의원을 만나야 할 이유는 커졌다. 끊임없는 연락과 기약 없는 뻗치기는 늘어갔다. 이 의원의 얼굴을 보기는 어려웠지만, 현장에서 관계자들을 찾는 건 그다지 어렵지 않았다. 이 의원 자택 등 현장에 도착하면, 취재팀의 동선을 의식하는 듯한 사람들이 나타났다. 그리고 주위를 맴돌았다. 이 의원 측 관계자들이 사전에 취재팀이 있는지 살펴본다는 걸 알게 됐다.

한 번은 현장을 취재하던 기자 개인 스마트폰을 이 의원 측 관계자가 험악하게 빼앗으면서 충돌이 발생하기도 했다. 취재팀의 항의로 이후 민주당 측에서 "대신 사과드린다"고 하기도 했다. 취재팀은 회사 차량(회사 로고가 없는 일반 차량)도 계속 바꾸고, 심지어 기자 개인 차량도 수시로 바꿔가며 뻗치기를 이어갔다.

아침부터 본회의가 있던 어느 날이었다. 국회에서 국무총리 시정연설과 여야 대정부질문이 진행 중이었다. 당시 집권 여당인 민주당 의원들은 필수적으로 참석해야 하는 자리였다. 취재팀은 이 의원을 만나기 위해 팀을 꾸려 국회에서 대기했다. 그리고 혹시나 하는 마음으로 한 팀은 이 의원이 사는 서울 서초구 자택으로 향했다. 황당하게도 이 의원은 집에 있었다.

국무총리 시정연설이 한창 진행 중이었지만, 집권 여당 소속 재선 의원인 이상직 의원은 집 앞에서 운동복 차림으로 짐을 나르고 있었다.

집 앞에서 만난 이 의원은 운동복 차림이었다. 운동복에 슬리퍼를 신고 양손엔 짐을 한가득 들고 있었다. 이 의원은 질문을 퍼붓는 기자를 피해 빠르게 차량으로 이동했다. 짧은 순간이었지만 그가 헌납하겠다고 말했던 이스타항공 주식에 대해 질문했다.

이상직 의원과 JTBC 취재기자 인터뷰 내용

기자 주식 헌납하겠다고 하셨는데, 아직 주식 헌납이 되지 않고 있던데 어떤 이유에서 헌납이 미뤄지는지 알 수 있을까요?

이상직 의원 그건 헌납을 했는데…

기자 이스타항공 주식 헌납한다고 했는데, 왜 미뤄졌나요?

이상직 의원 미뤄진 게 아니라 헌납을 했어요.

기자 이미 다 하셨다고요?

이상직 의원 예.

이상직 의원 관련 보도를 시작한 지 닷새 만에 이 의원 측은 가족 소유 이스타항공 지분을 모두 헌납하겠다고 발표했다. 약 두 달이 지나 자택에서 그를 만났을 때도 이 의원은 이미 모두 헌납했다고 말했다. 하지만 이 의원 아들딸이 만든 페이퍼컴퍼니 이스타홀딩스는 여전히 주식을 갖고 있었다. 추가 질의에 이스타항공 관계자는 "검토를 했으나 어려움이 있다"며 "세금을 두 번 내야 하는 문제가 있기 때문"이라고 설명했다. 이 의원은 취재팀에 거짓말을 했던 셈이다.

계속되는 의혹에 국회에선 이 의원 개인뿐 아니라 집권 여당 민주당에 책임을 묻는 목소리도 커져 갔다. 급기야 민주당 이낙연 대표도 직접 이 의원이 책임을 져야 한다고 말했다.

법인 리스 포르쉐 타던 이상직… 의원님이 왜 거기에?

취재가 계속되자 이상직 의원은 기존에 거주하던 아파트를 떠났다. 한동안 자취를 감추고 나타나지 않았다. 그런 이 의원을 서울 여의도 고급 오피스텔에서 만날 수 있었다. 바로 이 의원 딸이 법인 이름으로 빌린 오피스텔이었다.

취재팀이 오피스텔을 꾸준히 찾았던 이유는 딸 이수지 대표가 법인 명의로 빌렸다는 포르쉐 차량 때문이었다. 보도 이후에도 포르쉐 차량은 이스타홀딩스 본사로 등록돼 있던 그 오피스텔에 계속 주차돼 있었다. 취재팀은 시간이 날 때마다 그곳으로 갔다. 출근 전에도 퇴근 후에도 틈틈이 살폈다. 차는 꽤 오랜 기간 같은 자리에 있었다. 그러던 어느 날, 포르쉐 차량이 움직였다. 차를 움직인 주인공은 이 의원의 딸 이수지 대표가 아닌 이상직 의원 본인이었다.

딸 이수지 대표가 이스타홀딩스 법인 명의로 빌린 차량인데다, 이 의원이 신고한 재산 목록에도 해당 차량은 없었다. 그런데 본인이 직접 운전해 주차장을 유유히 빠져나가는 모습이 취재팀에 포착된 것이었다. 포르쉐 차량을 운전하는 이 의원은 능숙해 보였다.

국회의원 개인이 법인 리스 차량을 쓰는 건 엄연한 위법행위

이스타홀딩스 법인 리스 포르쉐 차량을 직접 운전하는 이상직 의원의 모습이 취재팀 카메라에 잡혔다.

다. 법률 전문가들은 이를 금품 수수로 볼 여지도 있다고 했다. 문윤식 변호사는 "부녀 관계에서 제공된 것으로 볼 수 없고, 법인 대표가 국회의원에게 금품을 제공한 것으로 봐야 한다"고 지적했다. 이른바 '김영란법' 위반 소지가 있다는 것이다.

이 의원이 민주당 탈당 기자회견을 한 날에도 이 의원은 이곳에서 나왔다. 왜 법인 명의의 포르쉐를 타고, 이스타홀딩스 법인 본사 주소지에서 지내는지 직접 물어봤지만, 그는 질문을 듣고도 답변 없이 차량에 올라타기 바빴다.

이상직 의원과 JTBC 취재기자 인터뷰 내용

기자 왜 여기에 살고 계신가요? 이스타홀딩스 본사였던 곳인데 왜 여기에 실거주하고 계시죠?

이상직 의원 …

기자 포르쉐 타고 다니는 것도 확인했는데 법적 문제가 되는지 잘 모르셨나요?

이상직 의원 …

탈당하면서까지 "억울하다" 외쳤지만, 끝내 의원직 잃어

반성은 없었다. 이 의원은 취재팀의 연속보도에 줄곧 억울함을 외쳤다. 의원직을 내려놓지도 않았다. 나아가 이 의원은 "개인적인 부분의 사실과 다른 내용은 진실을 밝히겠다"면서 민주당 전북도당위원장 선거에 출사표를 던지기까지 했다. 이를 두고 논란이 일자 3일 만에 출마를 철회했지만, 그때도 반성보단 본인의 억울함을 늘어놓기 바빴다. 출마 철회 이유를 밝히면서 "제가 창업한 이스타항공 및 저에 관한 사실과 다른 보도와 의혹 제기로 논란이 증폭됐다"고 말했다.

그로부터 두 달 뒤, 여론이 악화하고 민주당에서도 진상 조사를 하겠다고 나서자 버티고 버티던 이 의원도 결국 탈당해야 했다. 이때도 변명만 늘어놓긴 마찬가지였다. 본인의 억울함만 내세울 뿐이었다. 이 의원은 이스타항공 문제를 해결할 구체적 방안은 없이 당에 다시 돌아오겠단 말만 강조했다. 이후 기자들이 이 의원에게 수많은 질문을 쏟아냈지만 아무런 답이 없었다. 그렇게 '자진 탈당'으로 그는 당내 진상 조사를 피하고 의원직 제명도 피했다.

하지만 2021년 4월, 이상직 의원은 결국 횡령·배임 등의 혐의로 구속됐다. 법원은 "주식의 시가나 채권 가치에 대한 평가 등 일부 쟁점에 다툼의 여지가 있어 보이지만, 구속영장 심사 단계에서 요구되는 혐의 사실에 대한 소명은 충분하다"고 밝혔다. 구속되기 전 국회에서 이 의원에 대한 '체포동의안' 표결이 있었지만, 헌정사상 15번째로 가결돼 '불체포특권'은 사라졌다. 이 의원은 여전히 반성하지 않고 자신의 억울함을 호소했지만, 그의 주장은 동료 정치인들조차도 설득하지 못했다. 오랜 시간 침묵을 지키던 민주당조차 더 이상 이 의원을 지켜줄 수 없었다.

> 검찰은 저에 대한 악의적 선입견을 전제로 수사를 진행해 왔습니다. 제가 이스타항공으로부터 거액을 횡령해 회사를 도산에 이르게 하고, 사적 이익을 추구했다는 것입니다. 이는 전혀 근

거가 없는 검찰의 일방적 견해입니다. 제가 가진 재산은 서울의 32평 아파트 1채뿐이며, 이 또한 20여 년 전 샐러리맨 시절에 구입한 것입니다. 특히 검찰이 구속영장에 제가 횡령했다고 적시한 금액은 2017년 이전에 모두 변제되었습니다. 저는 불체포특권 뒤에 숨지 않겠습니다. 일반 국민들과 똑같이 자진 출석하여 영장실질심사에 당당히 임하겠습니다. 모든 사실을 법원에서 밝히고, 잘못한 일이 있다면 법과 원칙에 따라 그 처벌과 책임을 감수하겠습니다.

— 이상직 의원이 동료 의원들에게 보낸 서한 내용 중 일부

이 의원은 성실히 재판을 받겠다고 했지만 이내 고의로 '재판 지연' 전략을 쓰고 있단 의혹이 일었다. 이 의원이 변호인을 계속 바꾸는 식으로 재판을 지연시켰기 때문이다. 새로운 변호인이 기존 사건 기록을 확인하는 데 꽤 긴 시간이 필요하단 것이었다.

어느 날은 "코로나19 확산으로 교도소가 닫혀 있어 재판 기록을 확인 못 했다"는 이유로 재판에 출석하지 않기도 했다. 오죽했으면 재판부가 "재판을 지연시키고자 하는 게 명백하다"면서 이 의원의 재판 기피 신청서를 기각하기도 했다. 이 의원은 1심 구속기한(180일)이 임박한 시점에 보석으로 풀려났다. 일각에선 이 의원이 고의적으로 재판을 지연시켜, 확정 판결이 나기 전에 보석으로 석방을 얻어낸 것이란 분석이 나오기도 했다.

온갖 꼼수에도 결과적으로 이 의원은 2022년 5월 의원직을 잃었다. 횡령·배임 혐의 등의 재판과 별개로 진행된 공직선거법 위반 재판에서, 징역 1년4개월에 집행유예 2년을 선고한 2심에 대해 대법원이 최종 확정 판결을 내렸기 때문이다.

이 의원은 2020년 총선을 앞두고 선거캠프 관계자들과 여론조사 결과를 자신에게 유리하게 나오도록 부정하게 개입하거나, 과거 중진공 이사장 시절 자신의 지역구(전북 전주을) 주민들에게 선물을 나눠준 혐의 등을 받아 왔다. 여기에 앞서 취재팀의 보도로 드러난 선거공보물 허위 사실 적시도 결정타가 됐다. 선거법은 선거 관련 범죄로 벌금 100만 원 이상의 형이 확정되면 당선을 무효화한다.

이 의원은 여러 차례 구속과 보석 석방을 반복했다. 약 550억 원 규모의 이스타항공 횡령·배임 사건뿐 아니라 채용 비리 사건까지 재판에 오르면서다. 가장 핵심인 횡령·배임 혐의에 대한 재판은 빠르게 진행되고 있다. 2022년 1월, 1심 재판부는 이 의원을 유죄로 판단하고 징역 6년을 선고하고 법정구속했다. 취재팀이 집중적으로 보도한 내용 대부분이 유죄 판결에 결정적인 영향을 줬다.

재판부는 "피고인은 기업 총수로서 이스타항공과 계열사를 실질적으로 지배하고 기업을 사유화했다"면서 "거액의 손해가 발생했고, 피해도 제대로 회복되지 않았다"고 했다. 그러면서 이 의원을 향해 "반성하기는커녕 책임을 부하 직원들에게 떠넘기는가

하면 범행 은폐를 위해 회계자료 등을 인멸하거나 허위자료를 제출하는 행위까지 일삼았다"고 비판했다.

몇 달 뒤 이 의원은 또다시 보석으로 풀려났다. 2심 재판 과정에서 검찰은 "피고인은 각 범행을 주도했음에도 부인하고, 모든 책임을 하급자에게 전가해 죄질이 매우 무겁다"면서 "피해 손해액도 막대한 데다 이스타항공 직원 수백 명이 정리해고되는 등 심각한 피해를 제공하고, 회복이 안 된 점을 고려하면 원심 형이 너무 가벼워 원심 구형량(징역 10년, 추징금 554억 원 구형)대로 선고해 달라"고 했다.

이 의원은 "사실과 다르게 과장되고 왜곡된 부분이 많았다"면서 "제주항공의 이스타항공 인수합병이 무산된 이후 회사를 회생시키기 위해 가족들과 많은 노력을 했던 과정에서 벌어진 일들이었다"고 말했다. "그동안 지역과 나라를 위해 열심히 달려왔던 점을 참작해 주시고, 이웃과 사회를 위해 봉사할 수 있는 기회를 달라"고도 덧붙였다.

2022년 12월. 이 의원의 기대와 달리 2심 재판부는 징역 6년을 선고한 원심을 유지했다. 2심 재판부는 "피고인은 이스타항공 창업주로서 절대적 권한과 지배력을 이용해 기업을 사유화했다"며 "이는 고스란히 경영 부실로 이어졌고 주주와 채권자뿐 아니라 궁극적으로 아무 잘못 없는 선량한 직원에게 피해가 전가되고 말았다"고 했다.

대법원 확정 판결과 이 의원을 둘러싼 다른 재판들까지 모두 끝나려면 더 긴 시간이 필요할 것이다. 취재팀이 장담할 수 있는 건, 그가 애초 주장했던 대로 '아무런 잘못이 없는 억울한 피해자'는 절대 아니란 점이다.

아직 해결되지 않은 직원들의 고통과 수북한 의혹들

이스타항공이 새 주인을 찾기 전까지 모든 고통은 오롯이 직원들이 감당해야 하는 몫이었다. 오랜 기간 임금체불을 겪었을 뿐만 아니라 다른 항공사들이 지원받던 고용유지지원금이나 코로나19 생계지원금도 받지 못했다. 오죽했으면 조종사들까지 오토바이를 몰고 배달일을 해야 했다. 애초 매각 협상 상대자였던 제주항공은 일찌감치 계약 포기를 선언한 상태였다. 제주항공 측은 체불임금 약 250억 원을 포함해 1700억 원에 달하는 미지급금 해소 등 선행 조건을 이스타항공이 이행하지 않았기 때문이라고 주장했다.

반면 이스타항공 노조 측은 자력 회생이 가능했는데 제주항공이 협상 과정에서 '셧다운'(전면운항중단)과 '희망퇴직' 등을 요구하면서 오히려 회생 기회를 빼앗겼다고 반박했다. 인수를 추진하던 와중에 코로나19 팬데믹으로 항공업 전체가 큰 위기에 빠졌고, 이상직 의원을 둘러싼 각종 의혹이 터지자 때마침 탈출구를 모색하던 제주항공이 이를 빌미로 손을 뗐다는 것이다.

그나마 새로운 인수자가 나타나면서 직원들은 새로운 출발에 대한 기대감에 휩싸였다. 이스타항공은 법정관리를 거쳐 2021년 6월 골프장 관리 및 부동산임대업을 하는 '성정'이라는 주식회사에 인수됐다. 법정관리 과정에서 기존 이 의원 일가 보유 주식은 모두 '무상 소각'(대가를 지급하지 않고 특정 주식을 없애는 것) 처리됐다.

다시 비행을 할 수 있다는 희망과 달리 상황은 녹록지 않았다. 재운항을 위한 항공운항증명(AOC) 발급 절차가 중단됐다. 항공운항증명은 국토교통부가 안전 운항을 할 수 있는 자격을 갖추고 있는지를 확인해 항공운송 사업자에 부여하는 공식 증명서다. 국토부의 승인 없이는 항공 운항을 할 수 없다. 국토부는 이스타항공이 제출한 회계자료에 문제가 크다고 판단했다. 정상적으로 항공업을 이어갈 수 있는 재무구조인지 의심스럽다는 주장이다.

직원들은 다시금 거리로 나올 수밖에 없었다. 이스타항공 노조 등은 수사와 별개로 운항을 할 수 있게 해달라고 호소했다. 운항 재개가 늦어질수록 항공기 도입 등 모든 절차가 차질을 빚게 되고 경영난도 더 커질 터였다. 각국이 걸어 잠갔던 빗장을 풀면서 전 세계 항공업이 다시 살아나고 있는데, 이 흐름을 놓치면 안 된다는 절박함이 담겨 있었다.

> "이대로 AOC 발급이 중단된다면 이스타항공은 다시 한번 파산 위기를 맞게 되고 근로자들은 일자리를 잃고 가족들은 생계를 걱정해야 한다. 어떠한 회사도 영업 활동과 매출 없이 수개월을 버틸 수는 없다."

— 이스타항공 근로자대표단의 입장문 중 일부

> "인수자인 성정은 자본잠식 해소를 위해 더 많은 자금을 투입할 의지와 능력이 있지만 AOC 발급 지연으로 날개를 펼쳐 보기도 전에 피해를 보고 있다. 사와 회사의 경영이 분리되어야 대한민국 국민이자 직원들의 목숨을 살릴 수 있다."

— 이스타항공 조종사노동조합의 입장문 중 일부

운항에 필요한 항공운항증명이 발급되지 않자, 결국 '성정'도 이스타항공에서 손을 뗐다. 사모펀드 VIG파트너스에 지분 100%를 매각한 것이다. 사모펀드는 항공사 출신 경영인을 새로 영입하는 등 다시 이륙할 준비를 하고 있지만, 회사가 언제 정상화되어 다시 이륙할 수 있을진 여전히 미지수다. 직원들의 고통은 여전히 진행 중이다.

이상직 의원과 관련한 각종 의혹도 여전히 진행형이다. 채용비리 의혹이 대표적이다. 앞서 취재팀도 여러 건의 제보를 받았으나 구체적인 증거가 부족해 보도하지 못했던 부분이다.

이 의원이 2014~2015년 승무원 등 채용 과정에서 지역 인사들의 청탁을 받고 지원자 100여 명을 취업시킨 대가로 뇌물을 받았다는 의혹이다. 검찰은 이스타항공 본사에 대한 압수수색에 나서는 등 정식 수사에 들어갔다. 이 의원이 실소유주로 의심받는 타이이스타젯 관련 의혹도 아직 해소되지 않았다. 취재팀 역시 관련한 여러 건의 취재를 벌였지만, 명확하게 똑 떨어지는 증거들을 수집하기 어려웠다. 일부 언론사에선 태국 현지를 직접 찾아가 취재를 벌이기도 했지만, 역시 명확한 증거가 나오진 않았다.

취재팀은 이상직 의원을 둘러싼 각종 비리 의혹 관련 수십 건의 기사를 보도했다. 방대한 양이었다. 워낙 민감한 사안들이었기에 확인하고 또 확인하고, 자체적으로 엄격한 기준을 통과해야만 보도할 수 있었다.

취재한 양이 100이라면 취재팀이 보도한 건 10 정도에 불과했다. 책에 더 많은 내용을 담지 못한 이유이기도 하다. 취재팀은 나머지 90이 세상에 드러나려면, 어느 한두 언론사가 아닌 우리 시민사회 모두가 힘을 합쳐야 한다고 믿고 있다. 아이러니하게 이상직 의원이 그토록 강조했던 '공정한 사회'가 가능하다는 걸 꼭 보여주고 싶다.

jtbc 뉴스룸
jtbc

드라마와 영화 속 탐사기자들, 실제론 어떤 모습일까?

"탐사팀 기자들은 술과 담배를 끼고 살 것 같아요!"

"선배 기자들은 거친 욕설을 입에 달고 살고, 엄청 무섭게 후배들을 혼낸다는 게 사실인가요?

가끔 중고등학생이나 대학생 특강을 나가면 이런 질문들을 받곤 한다. 드라마와 영화에 등장하는 탐사팀 기자들의 모습을 떠올려 보면 이해가 간다. 일단 낮부터 술을 마신다. 그리고 말끝마다 욕설이 따라붙는다. 가끔 후배 뒤통수를 때리는 그런 악당 선배 기자의 모습도 나온다. 맨날 똑같은 옷을 입고, 사무실에서 양말을 벗어 던지는… 아… 이건 아니다. 너무 과장됐다. 물론, 완전한 허구라고 말할 순 없지만, 오늘날 보도국의 모습과는 너무 다르다. 하나하나 살펴보자.

취재팀의 사무실 책상 모습. 온갖 서류가 쌓여 있다.

책상이 지저분한 건 어느 정도 사실!

우선 지저분한 책상은 어느 정도 사실이다. 특히 탐사팀 기자들은 서류 더미에 파묻히는 게 일상이다. 각종 보고서 등 수백 페이지짜리 문건이 산더미다. '모니터로 보면 되는 거 아니냐'고 반문할 수도 있다. 문제는 양이 너무 많아 모니터로만 보면 눈이 아플 정도란 사실. 엄청난 양의 서류를 살펴보기 위해선 인쇄해서 볼 수밖에 없다. 애초 디지털 파일이 아닌 옛날 문서도 상당수다. 볼펜과 형광펜을 준비해 밑줄 쫙쫙 그으며 훑어보는 게 여러 면에서 가장 효율적이다.

책도 많이 봐야 한다. 취재를 위해선 관련 분야 지식 습득이 필

방송기자들은 기본적으로 언제 어디서든 카메라 촬영을 염두에 둬야 한다.
옷차림 역시 마찬가지다.

수적이기 때문이다. 특히 취재팀의 책상엔 금융 정보 분석 관련 책과 법률적인 도움을 주는 책들이 많다. 취재 아이템과 관련된 책들이다. 정치인이 쓴 책들도 있는데, 이건 모두 취재 대상들이 썼던 책들이다. 이 책을 통해 힌트를 얻는 경우도 많다. 이밖에 취재 능력을 향상을 위해 다른 탐사기자들이 쓴 책을 보기도 한다.

방송기자들은 '정장' 혹은 '비즈니스 캐주얼' 스타일

탐사기자라 하면 꾀죄죄한 모습을 떠올리는 사람도 많다. 실제론 전혀 다르다. 특히 방송사는 기본적으로 정장 혹은 비즈니스 캐주얼 스타일을 선호한다. 방송 카메라 때문이기도 하고, 무엇보다 다양한 취재원을 만나야 하기 때문이다. 방송사 아침뉴스 등에 가끔 청바지에 티셔츠만 입은 기자의 모습이 나오기도 하는데, 이들은 훈련 중인 어린 기자들인 경우가 대부분이다. 현장을 뛰는 정식 기자가 아닌 경우가 많으니 그런 모습과 드라마, 영화 속 모습만으로 기자를 상상해선 안 된다. 방송기자들의 옷차림은 시청자에 대한 예의이기도 하다. 각 방송사 메인뉴스에 나오는 기자들의 출연과 현장 연결 장면만 봐도 쉽게 알 수 있다. 실제 이 책에 담긴 취재팀의 모습 역시 마찬가지다.

여전히 많이 마시는 술… 사라진 폭언 같은 악습

담배는 안 태우는 기자가 더 많아진 요즘이지만, 술에 대해선 솔직히 할 말이 없다. 이래저래 참 많이 마신다. 대다수 기자가 술을 즐기는 것도 있지만, 직업 특성상 마셔야만 할 때도 많다.

실제 취재팀의 모 정치인 관련 취재 때 일이다. 관련 내용을 잘 알고 있는 사람을 만났는데, 어지간해선 입을 열지 않았다. 결국 술을 한번 마시기로 하고 폭탄주를 진탕 마셔야만 했다. 그는 술김에 몇 마디를 흘렸는데, 취재 속도를 높여주는 기폭제가 됐다.

취재와 무관하게 기자들끼리의 술자리도 참 많다. 즐거워서, 안타까워서, 슬퍼서. 기자들은 여러 이유로 선후배 간 술자리를 즐긴다. 다른 직종과 허심탄회한 논쟁을 자주 하는 직업적 특성

기자들이 모이는 자리엔 다양한 술이 빠지지 않는다. 과거와 달라진 건 원하는 사람만 원하는 만큼 마셔도 누구도 뭐라고 하지 않는다는 점이다.

도 반영된 것 같다. 물론, 그렇다고 모든 기자가 다 주당인 건 아니다. 요즘은 아예 술을 입에도 못 대는 기자도 적지 않다. 옛날처럼 강권하는 문화도 사라졌으니 혹여 기자를 꿈꾸는 독자라면 전혀 걱정하지 않아도 된다.

조금 덧붙여서 욕설이나 폭언 같은 악습도 사실상 사라졌다. 사실상이라고 표현한 이유는 그런 기자가 일부 남아 있긴 하지만, 조직에서 오래 남지 못하는 경우가 많기 때문이다. 조직 문화 자체가 바뀌었다. 후배 기자들을 엄하게 혼내는 경우도 마찬가지다. 옛날처럼 욕설이나 폭언으로 후배들을 가르치지 않는다. 결론은 드라마나 영화 속 기자들의 모습은, 어디까지나 재미로만 봐야 한다는 것이다.

#2

의원님들의 '가족 회사'에 숨겨진 비밀

취재팀은 이상직 의원 추적을 계기로 고위공직자 재산공개 제도의 가장 큰 허점이 '법인'이라고 판단했다. 고위공직자에 대한 투명한 감시를 위한 재산공개 제도가 악용될 가능성이 컸고, 실제 악용되는 사례가 적지 않을 것이라 봤다. 취재팀이 국회의원 전원의 재산공개 서류를 인쇄해 놓고 분석에 들어간 이유였다.

앞서 언급했듯 법인 이름 아래에서 움직이면 사실상 재산공개를 피할 수 있다. 쉽게 예를 들자면 A의원이 가족 B와 함께 회사를 차린다. A의원의 힘으로 회사가 빠르게 성장할 수 있게끔 하고, 벌어들인 돈으로 부동산을 산다고 가정해보자. 재산공개 서류엔 어떻게 표시될까. A의원과 가족 B가 회사 주식을 얼마씩 갖고 있다는 게 전부다. 회사가 어떤 부동산을 보유하고 있는지 등 자세한 내용은 공개되지 않는다.

특히 비상장 기업의 경우 공개되는 정보가 매우 제한적이기 때문에 웬만한 전문가가 시간을 들여 확인하지 않으면, 도통 무슨 일이 벌어지고 있는지 알기가 어렵다. 언론과 시민단체의 감시를 피할 수 있는 '꼼수'가 가능한 셈이다. 그나마 지금은 재산공개 때 비상장 기업 주식의 가치 평가 기준이 달라졌지만, 이전엔 액면가로만 표시했기 때문에 100억 원 가치를 지닌 주식도 1000만 원이라고 표기되는 등 황당한 일이 비일비재했다.

취재팀은 우선 고액 자산가 의원 중에 '가족 법인'을 소유한 의원들을 추렸다. 그리고 해당 기업들의 법인 등본과 감사보고서 등 일체를 발급받았다. 가족 회사 밀어주기 같은 꼼수가 없었는지, 편법증여 수단으로 악용하고 있는 건 아닌지, 하나하나 검증했다.

결국 심각한 문제가 눈에 띄게 보이는 두 의원을 찾아냈다. 취재팀은 혹시나 하는 마음에 이들이 발의한 법안과 국회 발언 일체를 확인하기도 했다. 국민이 준 권력을 자신의 사적 이익을 위해 사용하진 않았는지 꼼꼼히 따져봤다. 취재 결과는 몹시 당황스러웠다.

절반 넘는 일감이 아버지인 강기윤 의원 회사에서?

강기윤 의원이 대표로 있는 '일진금속공업'을 살펴보다 '일진단조'란 회사가 눈에 띄었다. 일진단조는 2012년 강 의원이 국회에 입성하던 해에 세워진 자회사였다. 감사보고서를 살펴봤더니 강 의원 아들과 부인 그리고 권모 씨가 각각 18.8%의 지분을 나눠 가진 회사임을 확인할 수 있었다. 모기업인 일진금속공업을 제외하면 강 의원 아들과 부인 그리고 권모 씨가 최대 주주인 셈이었다.

이 회사가 어떻게 돈을 벌고 있는지 매출 흐름을 따라가 보니

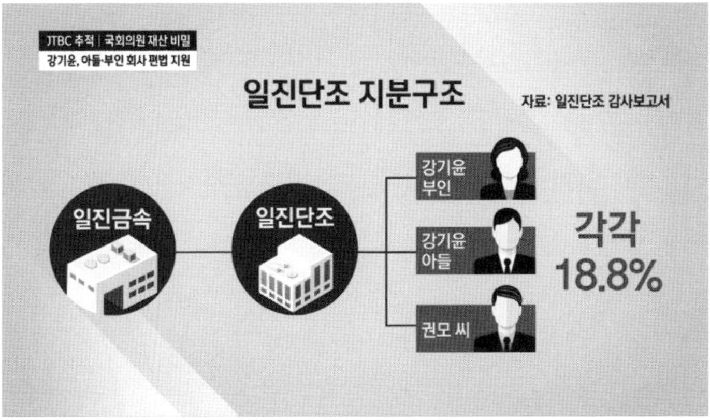

일진단조의 지분 구조도. 강기윤 의원 부인과 아들 그리고 권모 씨가 각각 18.8%씩 보유하고 있었다.

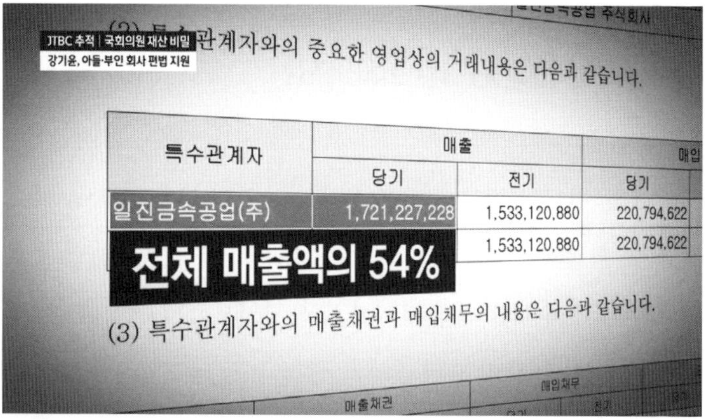

일진단조의 감사보고서에 명시된 특수관계자(가족 등)와의 영업상 거래 내역. 강기윤 의원 회사인 일진금속이 큰 비중을 차지하고 있었다.

역시 강 의원 회사가 있었다. 매출의 약 54%가 강 의원 회사 일진금속이 준 일감에서 나왔다. 특수관계자와의 영업상 거래 내용엔 일진금속과 약 17억 원의 거래를 한 것으로 적혀 있었다.

그뿐만이 아니었다. 일진단조는 일진금속으로부터 18억 원 규모의 연대보증도 받고 있었다. 일반적인 중소기업들이 누리기 어려운 혜택들이 분명했다. 쉽게 말해, 아빠 회사가 아들 회사를 제대로 밀어주는 상황이었다.

일진금속과 일진단조,
사실상 하나인 두 회사

취재팀은 회사를 직접 찾아가 봤다. 서울에서 4시간 반을 꼬박 달린 끝에 경남 공장에 도착했다. 우선 경비원에게 방송국에서 취재차 나왔음을 알리자, 공장에서 오래 일했다는 한 임원에게 안내했다. 그 임원에게 단도직입적으로 일진금속과 일진단조의 관계를 물었고, 예상 밖의 답이 나왔다.

회사 임원과 JTBC 취재기자 인터뷰 내용

기자 일진단조 쪽에서 일하시나요?

임원 양쪽을 경영하고 있어요. (일진단조) 공장 관리하는 직원만 있고 일반적인 관리 이런 건 일진금속에서 다 컨트롤하죠.

기자 일진단조 매출액의 50%가 넘게 일진금속에서 일감을 주고 있던데요?

임원 우리 자체 일진금속이 생산을 다 못하는 오버플로우되는 걸 밖으로 외주를 줄 수밖에 없는데 그럼 어디를 줄 거냐, 다른 단조업체들도 있을 거 아닙니까? 아무래도 자회사한테 주는 게 좋잖아요. 서로가 윈윈이 되는 거니까.

요약하자면, 일진금속과 일진단조가 사실상 하나의 회사란 얘기다. 그는 "두 회사 모두 하는 일은 같다"고 설명하기도 했다. 대

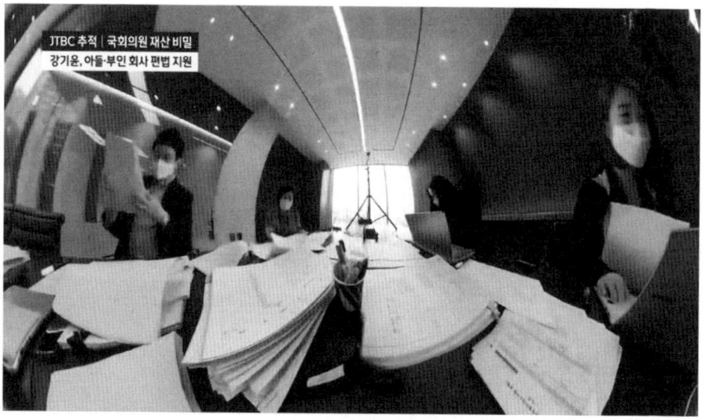

국회의원들의 재산공개 서류 및 법인 관련 서류들을 분석 중인 취재팀의 모습

기업에 납품하려면 일진금속 기계만으로는 일손이 부족해 외주를 줘야 하기에, 자회사에 남는 일감을 주고 있는 것뿐이라면서 '일감 몰아주기'가 아니라고 강조했다.

강 의원 측에 '일감 몰아주기' 의혹에 대한 해명을 요구하자 비슷한 답이 돌아왔다. 회사 규모가 작고 이익을 내지 못하기에 일감 몰아주기 규제 대상이 아니란 취지였다. 강 의원 측은 일진금속과 일진단조가 중소기업임을 강조하기도 했다. 대기업에 비해 중소기업은 일감 몰아주기 규제를 덜 적용받는 점을 고려해야 한다는 취지였다.

현행법상 본인·자녀 등이 지배 주주로 있는 법인에게 특수관계 법인이 일감을 몰아줘서 본인·자녀·친족 등이 이익을 얻게 되면 '증여세'를 내야 한다. 하지만 특수관계 법인과 수혜 보는 법인이 모두 중소기업일 경우 '일감 몰아주기 증여세' 대상에서 제외될 수 있다. 대기업에 비해 취약한 중소기업의 경쟁력을 살리기 위한 일종의 사회적 배려 차원인데, 국회의원인 강 의원이 오히려 이를 이용하고 나선 셈이었다. 전문가들도 이를 의심하기는 마찬가지였다. 김경율 경제민주주의21 공동대표(회계사)는 "세법상의 맹점들을 이용해 이와 같은 어떤 증여가 이루어졌다고 의심할 여지가 있다"고 지적했다.

심지어 강 의원은 회사 대표로 버젓이 이름을 내걸고 있기도 했다. 국회의원이 사기업 대표로 이름을 내걸고 있다는 게 무척 의아했다. 국회의원은 겸직이 금지되어 있기 때문이다. 법인등본 등을 살펴보니 강 의원은 경남도의원 두 번을 포함해, 국회의원 재선 기간에도, 계속 회사 공동 대표이사로 돼 있었다. 이해하기 어려운 대목이었다.

이 또한 법적인 허점이 있었기에 가능했다. 국회법상 회사를 '휴직'하면 겸직이 허용되기 때문이다. 시민단체에선 국회의원 이름을 회사 대표로 걸어놓는 것 자체가 이해충돌 소지가 있다고 비판했다. 서복경 참여연대 의정감시센터 소장은 "거래하는 카운터파트너 입장에선 국회의원을 보고 계약을 성사한다든지 이런 가능성이 있기 때문에 당연히 그 기업의 이익에 기여를 한다고 봐야 한다"고 지적했다.

강 의원 측은 "회사 규모가 작고 이익을 내지 못해 일감 몰아주기 규제 대상이 아닐뿐더러, 편법증여 목적이 아니라 거래처 기업의 요구에 따라 부득이 인수한 회사"라고 해명했다. 또 "의원이 줄곧 회사 경영을 그만둘 준비를 해왔다"며 "아들이 지분을 취득할 때도 증여세를 납부했다"고 말했다. 다만, 취재팀에 구체적인 자료를 공개하진 않았다.

자기 돈 한 푼 없이 '100억 대 부동산' 매입

취재팀은 추적의 범위를 넓혔다. 강 의원 회사가 가족 회사에 베푼 이례적인 혜택은 일감뿐만이 아니었다. 일진단조 감사보고서를 살펴보니 2018년 100억 원대 부동산을 매입한 흔적이 나왔다. 연 매출 약 30억 원 규모에 적자에 허덕인다던 소규모 기업이 거액의 땅을 샀다? 의심 없이는 지나칠 수 없는 대목이었다.

취재팀은 자금 출처를 추적했다. 그러자 또 일진금속이 등장했다. 일진단조는 기업은행에서 기업자금대출 84억 원을 받고, 아버지 회사 일진금속에서 29억 원을 빌렸다. 결과적으로 강 의원 부인과 아들 회사는 자기 돈 한 푼 안 들이고 100억 원대 땅을 살 수 있었다. 매우 이례적인 일이었다. 쉽게 설명하자면, 아들이

10억 원 아파트를 사는데, 7억 원은 은행에서 부동산 담보 대출이 아닌 신용대출을 받고, 부족한 3억 원은 아버지한테 빌린 셈이었다.

법인으로 매입했기 때문에 강 의원이 해당 부동산 관련 내용을 국회에 신고할 필요도 없었다. 부동산 가치가 상승하면, 대주주인 강 의원 부인과 아들은 배당금 형태 등 다양한 방식으로 이익을 가져갈 수 있는 상태였다.

강 의원 측은 "공장을 짓기 위해 산 땅"이라고 해명했다. 해당 부동산을 직접 확인해야 했다. 정말 공장 운영을 위해 필요한 땅인지 확인이 필요했다. 문제는 감사보고서엔 토지 주소가 나오지 않는다는 점이었다.

부동산 실거래가 등록 시스템 등 여기저기 다 뒤져봐도 비슷한 거래를 찾기가 어려웠다. 무모한 방법까지 동원했다. 경남 진해 일대 괜찮아 보이는 토지 등기부 등본을 무작위로 뽑아보는 식이었다. 이곳저곳 부동산에 전화해 혹시 100억 원대 토지 거래가 있었는지 수소문하기도 했고 지역에 내려가 토박이들에게 물어보기도 했지만 쉽게 나오질 않았다.

전략을 좀 더 구체화했다. 우선 관련 뉴스를 검색해 개발 호재가 있는 지역을 추렸다. 경제특구 등 호재가 있을 법한 부지 위주로 좁혀서 다시 추적했다. 며칠이 걸렸을까. 결국 일진단조가 매입한 토지로 추정되는 곳을 발견했다. 차로 15분 거리엔 '부산진

강 의원 측은 "공장을 짓기 위해서"라고 해명했지만, 해당 토지는 말 그대로 폐자재만 나뒹구는 '공터'였다.

해경제특구'가 만들어지고 있었다. '부산 제2신항'도 공사 중이었다. 여러모로 호재가 많은 땅이었다.

그런데 취재팀이 직접 찾아가 봤더니 공장은커녕 빈 땅이었다. 폐자재만 나뒹굴고 있었다. 몇 년째 공장 건설 관련 아무런 움직임이 없는 게 분명했다. 주변 물류회사 직원에게 물었더니 그 직원도 "공장 건설이 진행되고 있다는 소리는 들어보지 못했다"고 말했다.

심지어 일부 땅은 거래되고 있었다. 공장을 만들기 위해 은행과 아버지 강 의원 회사로부터 거액의 대출을 받아 땅을 구매한 뒤, 몇 년째 공장은 짓지 않고, 심지어 부분 매도를 한 것이었다. 차익이 어느 정도인지 계산해봤다. 일진단조는 100억 원대 토지

가운데, 상당 부분을 약 96억 원에 매각했다. 남은 토지 면적은 약 1500평, 5000m²가 넘어 공시지가로만 팔아도 상당한 차익이 예상됐다.

당시 금융당국에선 '경제를 살리기 위해 중소기업에 대출 문턱을 낮춰줬지만, 정작 이 돈이 부동산 구입에 쓰여 문제'란 지적이 계속 나오고 있었다. 중소기업의 경영을 지원해 주기 위해 대출을 풀어 줬더니, 이 돈으로 부동산 투기를 하는 기업들이 많았기 때문이다. 강 의원 가족 회사 역시 꼼수로 부동산 투기를 한 건 아닌지 의구심이 드는 대목이었다.

취재팀이 재차 추궁하자 강 의원 측은 "지자체와 협의하느라 공장 건설이 늦어지고 있고 금융 비용 때문에 일부를 판 것"이라면서 "세금과 중개수수료 등을 고려하면 실제 차익은 거의 없다"고 해명했다. 설득력이 떨어지는 해명이었다.

더 깊게 취재해봤더니
애초 '공장 못 짓는 땅'

강 의원 해명이 사실인지 추가 검증에 나설 필요가 있었다. 우선 관할 지자체에 연락해 그동안 공장 건설 관련 논의가 있었는지 알아봤다. 창원시에선 "협의 요청 자체가 없었다"고 공식 확인해 줬다. 이 과정에서 취재팀은 더 놀라운 사실도 발견했다. 해당 토지가 처음부터 공장 건설이 불가능한 '항만 시설 부지'였던 것이다.

창원시청 관계자와 JTBC 취재기자 인터뷰 내용

기자 공장 건설 관련 협의를 진행한 적은 없다는 거죠?

창원시청 관계자 예, 그런 건 없었습니다. 항만 시설이기 때문에 항만법에서 할 수 있는 시설만 가능하므로 그건 불가능한 거죠.

처음부터 공장을 지을 수도 없는 땅을 공장을 짓겠다고 샀다니 황당했다. 강 의원 측의 모든 해명에 의구심을 갖게 됐다. 강 의원 측은 "용도변경 후 공사 예정이었다"고 추가 해명을 해왔다. 하지만 토지 용도변경은 쉬운 일이 아니다. 공장을 못 짓는 땅인데 공장을 지을 수 있는 땅으로 바뀌면 당연히 땅의 가치는 이전보다 훨씬 높아질 수밖에 없기 때문이다.

이윤기 마산YMCA 사무총장은 "공장 못 짓는 땅을 공장 지을 수 있도록 바꾸겠다는 것 자체가 심각한 문제"라고 지적했다. 지역 유력 정치인인 강 의원의 힘이 작용할 수 있다면서 우려를 표했다. 시민단체뿐 아니라 지역사회에선 대놓고 땅값 올리겠다고 선언하는 것 아니냐는 비판이 이어졌다.

지역 언론사들도 잇따라 추종 보도(취재팀의 연속 보도 내용을 다른 언론사가 받아서 후속 보도를 이어가는 것)를 했다. 한 언론사는 취재팀에 해당 부동산 주소를 알려줄 수 있겠냐고 요청해 오기도 했다. 통상 타 언론사가 보도한 내용 공유를 요청하는 일은 드문 일이다. 이미 선행 취재를 한 언론사가 이에 응하는 일도 흔치 않지만, 취재팀은 더 깊이 있는 취재를 위해 정보를 공유했다. 해당 언론사도 이를 바탕으로 유의미한 추가 보도를 이어갔다.

자녀 회사에 돈 줘도 증여세 내지 않는 법안 '셀프 발의'

이즈음 되니, 취재팀은 강 의원이 대표 발의(국회법에 따라 국회의원은 의원 10인 이상의 찬성이 있어야 의안을 발의할 수 있는데, 그중 의안을 주도한 의원을 대표 발의자라 함)한 법안도 전수 분석할 필요성을 느꼈다. 위와 같은 편법 증여 행태로 보았을 때 의정 활동을 통해서도 본인 가족의 이익을 챙기려 했을 가능성이 커 보였기 때문이다. 국회 의안정보시스템에 올라와 있는 강 의원 관련 법안 내용을 모두 확인해 봤다.

강 의원 본인과 가족 회사에 이익을 가져다 줄 법안인지 살피는 데만 꼬박 며칠이 걸렸다. 매일 모니터만 바라본 채 수백 개의 법안 내용을 일일이 살피는 작업이다 보니 취재팀원들 사이에서 한숨이 터져 나왔다. 이런 고통의 나날 끝에 이해충돌 소지가 큰 법안들을 속속 발견했다.

> "내국 법인의 주주 또는 출자자가 법인의 채무상환을 위하여 자산을 무상으로 양도하거나 해당 법인의 채무를 인수, 변제함으로써 해당 법인의 특수관계인이 얻는 이익을 증여의 대상에서 제외함."

— 강기윤 의원 대표발의 '조세특례제한법 일부개정법률안' 중 일부

강 의원이 대표 발의한 '조세특례제한법 일부개정법률안'은 쉽게 말해 자녀 회사에 돈을 줘도 증여세를 내지 않도록 하는 법안이었다. 아들이 대주주인 회사의 빚을 갚는 데 주주인 부모가 돈을 대줬다면, 현행법상 명백한 증여로 증여세를 내야 한다.

쉽게 요약하면, 부모 A와 자녀 B가 공동 대주주인 회사가 있을 때, 회사의 빚을 A가 대신 갚아 준다면, 자연스레 B의 지분 가치가 상승하게 된다. 기존엔 이를 증여로 보고 과세했는데, 강 의원 법안은 이를 폐지하는 내용을 담고 있었다. 강 의원이 대표 발의한 법안이 통과되면 강 의원과 가족 회사는 직접적 수혜 대상이 된다. 일진단조를 통해 또 다른 편법 증여가 일어날 수 있도록 돕는 그런 법안이었다.

강 의원이 대표 발의한 법률개정안에는 자녀 회사의 대주주인 부모가 회사에 돈을 줘도 증여세를 내지 않도록 하는 내용이 담겼다. 기존 법은 이 경우 사실상 증여로 보고 가족 이익에 따른 증여세를 부과했다.

강 의원 측은 코로나19 팬데믹 때문에 힘들어하는 기업들을 위한 법이라고 반박했다. 하지만 회계 전문가들의 분석은 달랐다. 김경율 경제민주주의21 공동대표(회계사)는 "당연히 내야 할 증여세를 안 내게끔 하는 조세 제도의 근간을 흔드는 법안"이라고 평가했다. 그러면서 "만약 법안이 통과된다면 아버지에게서 아들로 부의 증여라는 게 (회사를 통해) 아무런 거리낌 없이, 세금 없이 될 수 있는, 그런 길을 터주는 것"이라고 꼬집었다.

본인 토지가 지자체에 수용되면 양도세 면제하는 법안도 발의

강 의원이 자신과 가족에 이득이 되도록 한 '셀프 발의'는 증여세에 그치지 않았다. 강 의원이 대표발의한 또 다른 '조세특례제한법 일부개정법률안'은 대놓고 본인이 직접 수혜 대상이었다.

> "공익사업용 토지 등을 그 사업시행자에게 양도함으로써 발생하는 소득에 대해서는 2025년 12월 31일까지 양도소득세 전액을 면제한다."
>
> — 강기윤 의원 대표발의 '조세특례제한법 일부개정법률안' 중 일부

해당 법안에는 토지 수용 시 양도세를 면제한다는 내용이 담겼다. 강 의원은 지역구 내 공원 예정 부지 7036m², 약 2100평을 소유 중이었다. 지자체에 진행 현황을 문의하니, 토지 소유주들과 보상금을 협상하는 중이라고 했다. 그런데 강 의원이 대표 발의한 법안엔 '공원 등 공익사업용 토지를 사업시행자에게 양도할 때 발생하는 양도소득세를 전액 면제'하자는 내용이 직접적으로 담겨 있었다. 본인이 직접 혜택을 보게 되는 법안을 직접 발의한 셈이었다.

만약 이 법안이 통과되면 강 의원은 땅을 지자체에 넘길 때 양

도소득세를 한 푼도 안 내게 되는 상황이었다. 자신에게 직접적 이득이 될 법안을 한 차례도 아니고 계속 '셀프 발의'한 것이었다. 우연으로 치부하기엔 강 의원이 소유한 땅의 크기가 너무 컸다. 시민단체에서도 "국회의원 본인이 곧바로 혜택을 입게 되는 법을 스스로 대표 발의하는 건 이례적"이라며 매우 놀라워했다.

강 의원 측은 이번엔 "강제 조치로 특별한 희생이 수반됨을 고려한 것"이라며 "과거 다른 의원들도 발의했던 법안"이라고 해명했다. 다른 의원들이 발의했던 법안이라 할지라도 본인이 직접 수혜 대상인 법안을 본인이 직접 발의하는 건 큰 문제인데, 이에 대한 반성은 없었다. 강 의원은 취재팀의 지적에도 자신의 안일함과 부족한 윤리 의식에 대한 사과 없이 끝까지 공익을 위한 법안이란 해명만 반복했다.

남은경 경실련 정책국장은 "부당한 재산 증식이나 사적 이용을 방지할 수 있도록 하는 시스템을 만들어야 한다"며 "무엇보다 실효성 있는 고위공직자 이해충돌 방지법 제정이 필요하다"고 지적했다. 비판이 커지자, 강 의원은 취재팀이 보도한 문제의 법안들을 모두 철회했다. 하지만 오로지 국민을 위해 써야 할 국회의원의 권력이 '법과 제도의 허점'을 이용해, 자신과 가족의 이익을 위해 쓰이는 걸 막을 수 있는, 구체적인 대책은 아직도 마련되지 못한 상태다.

취재팀의 연속보도 이후 시민단체들이 강 의원 측을 고발해 경찰 조사가 이뤄지기도 했다. 결과는 무혐의였다. 당연한 결과였다. 애초 법적인 허점들을 교묘하게 이용했으니, 법적으론 문제가 없다고 볼 수 있다. 강 의원은 "경찰 수사를 통해 각종 의혹 제기가 부당했음이 밝혀졌다"고 했다.

하지만 강 의원에게 묻고 싶다. 국민에게 봉사하는 국회의원으로서, 강력한 권력인 입법권을 지닌 고위공직자로서, 도덕적으로도 정말 떳떳한지 말이다.

국회의원 최고 자산가
전봉민 의원의 비결

취재팀이 주목한 또 다른 의원은 전봉민 의원이었다. 전 의원은 취재 당시 900억 원대 재산을 보유하고 있었다. 2022년에 들어선 신고한 재산이 약 1065억 원으로 국회의원 중 재산이 가장 많기도 하다. 그중 이진주택과 동수토건이란 회사 비상장주식의 가치만 918억 원에 이른다. 두 회사 모두 전 의원을 비롯해 형제 세 명이 3분의 1씩 지분을 보유한 가족 기업인 동시에 아버지 전광수 회장의 이진종합건설과 특수관계인 회사들이다.

어마어마한 재산 형성 과정이 궁금했다. 시의원과 국회의원으로 줄곧 일했던 전 의원이 어떻게 국회에서 재산이 가장 많은 의

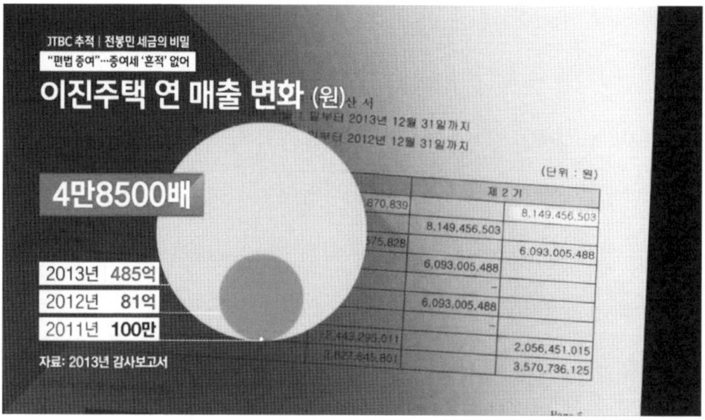

전봉민 의원 가족 회사인 이진주택은 말 그대로 초고속 성장을 거듭했다. 연 매출만 놓고 보면 불과 몇 년 사이 4만8500배라는 엄청난 성장세를 기록했다.

원이 됐을지 추적을 시작했다. 그 과정에 '아버지의 힘'이 있었을 가능성이 커 보였다.

일단 관련된 모든 공식 서류를 확보했다. 재산신고 서류를 비롯해 각 기업의 법인 등본과 감사보고서 등 일체를 살펴봤다. 중소기업이다 보니 이진주택 등 전 의원 가족 회사의 설립 초기 정보들은 이곳저곳에 흩어져 있었다. 샅샅이 살펴보니 상식적이지 않은 '초고속 성장'이 있었다.

비상식적인 성장 스토리는 다음과 같다. 2011년 부산시 시의원이었던 전 의원은 1억 원을 출자해 형제들과 자본금 3억 원짜리 이진주택을 설립했다. 전 의원은 당시 이 회사의 연 매출을 100만 원으로 신고했고, 다음 해에도 마찬가지였다. 그랬던 회사가 불과 몇 년 만에 4000억 원 규모의 사업을 다루는 회사로 초고속 성장했다. 단순 연 매출만 놓고 보면 4만8500배 상승(2011년 100만 원 →2012년 81억 원 →2013년 485억 원)을 기록하기도 했다. 건설업 역사에 남을 만한 초고속 성장 기록이었다.

어떻게 이런 성장을 단기간에 이룰 수 있었을까. 그 비결은 역시 '아버지의 힘'이었다. 이진주택 감사보고서 등을 분석한 결과, 이 회사는 아버지 회사로부터 수주한 이진캐스빌 아파트 공사 분양 등을 주로 맡고 있었다. 2013~2018년 감사보고서를 살펴봤더니 2013년엔 총 분양예정수익금 규모가 1300억 원이었는데, 이후 2018년엔 총 분양예정수익금이 약 4000억 원 규모로 커졌다. 함께 감사보고서 등을 분석한 회계사들은 "신생 업체 혼자 힘으로는 불가능한 일"이라고 평가했다.

이 밖에도 아버지 회사인 이진종합건설은 이진주택에 최대 2300억 원 규모의 연대보증을 제공하기도 했다. 이진주택은 신생기업이 누리기 어려운 각종 혜택을 누리고 있었다. 45억 원에 달하는 현금 배당을 추진하기도 했는데, 회사가 설립된 지 불과 몇 년 만의 일이었다. 전문가들은 이들 회사의 사례가 전형적인 '일감 몰아주기'로 보인다고 분석했다.

김경율 경제민주주의21 공동대표(회계사)는 "회사 설립 불과 몇 년 만에 수천억대 공사를 두세 개 할 수 있다는 건 절대 상상할 수 없는 일"이라며 "아들 삼 형제에게 거대한 부를, 일감 몰아주기를 통해 몰아준 것"이라고 말했다. 그러면서 "엄연히 증여의 범주로 봐야 한다"고 지적했다.

세비 지급되는 시의원 하면서도 회사 임원을?

전 의원은 2008년 부산시 시의원으로 정계에 입문할 당시부터 그만둘 때까지 아버지 회사 이진종합건설에서 임원 등으로 근무했다. 2011년 본인 회사를 설립한 이후엔 아버지 회사 임원과 본인 회사 임원 그리고 시의원을 동시에 겸직하기도 했다. 취재팀은 겸직 기간 동안 전 의원이 어느 정도를 벌어들였는지 파악하기 위해 부산시의회에 정보공개청구를 했다.

전 의원은 시의원 시절 아버지 회사인 이진종합건설에선 1년에 5억 원을 받고, 시의원으로 약 5700만 원을 급여로 받았다. 취재팀은 부산시의회 측에 겸직 관리가 어떻게 되고 있는지 물었다.

그러자 부산시의회 측은 "허가 개념이 아니다. 겸직 신고하면 저희는 관리만 하는 차원에서 진행되고 있다"고 말했다. 이런 상황 속에서 2018년 부산시의회 부의장까지 올랐던 전 의원은 줄곧 '겸직'을 해왔다. 국회의원이 된 뒤에야 모든 회사의 직책을 내려놨다.

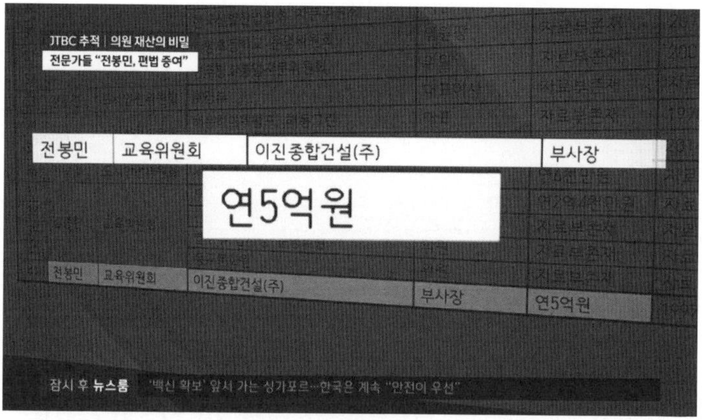

취재팀이 정보공개청구를 통해 부산시의회로부터 받은 자료엔 전봉민 의원이 아버지 회사인 이진종합건설에서 연 5억 원을 받는다고 적혀 있었다.

시의원은 지역에서 작지 않은 권력을 지닌 공직자다. 시의원 업무에 집중할 수 있도록 수천만 원의 세비를 지급하기도 한다. 전 의원의 겸직은 어떻게 봐야 할까.

법률 전문가들에게 시의원 등 지방의원에게 겸직을 허용하는 게 정당한 것인지 의견을 묻자 "문제가 있다. 고쳐져야 할 부분"이란 답이 돌아왔다. 이는 과거 지방의원이 무보수로 일하던 시절의 산물이기에, 보수가 주어지는 지금은 시정이 꼭 필요하다는 지적이었다.

앞서 언급했듯 지방의원 겸직이 불법은 아니다. 하지만 시의원을 3선까지 하고, 심지어 부의장까지 했던 사람이라면 상임위가 다르더라도 얼마든지 영향력을 미칠 수 있는 지위에 있었다고 볼

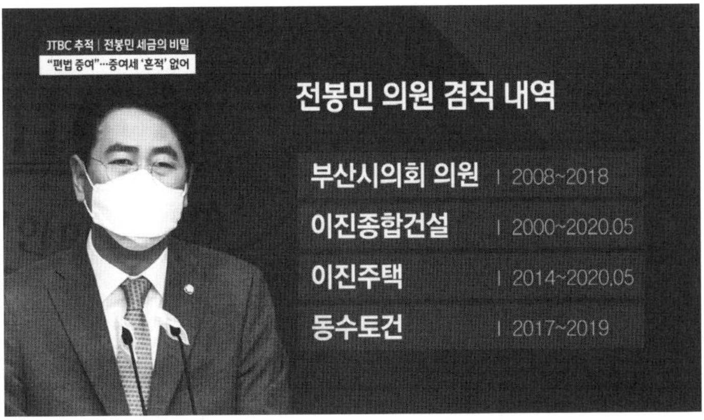

전봉민 의원의 겸직 내역을 정리해 봤다. 취재팀은 그의 본업이 무엇인지 의문을 가질 수밖에 없었다.

수밖에 없다.

그런 사람이 건설사 임원을 겸직했다는 점, 나아가 이진주택 등을 설립해 아버지 회사로부터 일감 몰아주기 혜택을 받고 있었다는 점을 이해할 국민은 몇이나 될까. 높은 윤리 의식을 갖춰야 할 정치인의 올바른 모습으로 볼 수 없다는 비판이 쏟아진 배경이다.

취재팀은 전 의원의 겸직이 직업 윤리적 측면뿐 아니라 새로운 형태의 증여란 점에서도 문제라고 판단했다. 가족 회사를 설립해 아버지 회사가 일감을 몰아주고, 회사 규모를 키워 거액의 급여를 계속 지급하는 것 자체가 일종의 증여라고 볼 수 있기 때문이다. 심지어 전 의원의 경우 21억 원의 퇴직금도 받을 예정이란 사실이 취재 결과 드러나기도 했다.

회계 전문가들은 “일감 몰아주기는 물론 거액의 급여, 배당금, 퇴직금 형태로 부를 대물림한 것으로 보인다”고 지적했다. 박상인 경실련 정책위원장은 “편법적인 증여가 일어나고 있는 걸 보여주고 있다”면서 “상당히 광범위하게 일어나고 있는 현상이란 생각이 든다”고 평가했다.

아버지와 사돈도
지역 ‘주택 정책’ 깊숙이 관여

전 의원이 시의원이자 회사 임원을 겸직하고 있던 시절, 아버지 전광수 이진종합건설 회장 또한 지자체 주택 정책에 깊이 관여하고 있었다. 아버지 전 회장은 대한주택건설협회 부산시회 회장 시절인 2008년 부산시 주택정책심의위원회 위원으로 활동했다.

주택정책심의위원회는 주택종합계획과 관련한 주요 정책을 심의하는 곳이다. 10년 단위의 장기적 계획은 물론이고 연도별 주택종합계획 수립과 변경에 관한 주요 사항들에 대한 논의가 이뤄지는 곳이다. 위원 구성을 살펴보니 주로 공무원이나 교수 등으로 채워졌는데, 이해당사자인 건설업자 위원은 전 회장이 유일했다. 전 회장의 사돈, 전 의원 동생의 장인 윤모 전 부산시 주택

국장 등도 부산시 도시계획공동위원회 위원으로 활동했다. 나아가 윤 전 국장은 전 회장 사업과 관련된 사안을 논의하는 회의에도 관여했다.

부산시청 관계자에게 어떻게 이런 일이 가능했는지 묻자 "제척 사유가 발생하면 본인 스스로 회피를 신청해야 했다"는 답변이 돌아왔다. 가족 관계 등에 대해선 시청에서 일일이 살피지 않는다는 것이었다. 개개인의 양심에 기대고 있는 매우 허술한 구조였다.

시의원이면서 '시 공사' 따내
'이해충돌' 소지까지

전봉민 의원이 시의원이던 시절 이해충돌 소지는 또 있었다. 본인이 최대 주주인 회사가 부산시로부터 여러 건의 공사를 따낸 것이었다. 전 의원 동생이 대표로 있는 곳이자 전 의원이 대주주로 있는 동수토건의 지자체 발주 사업 내역을 취재하다 알게 된 내용이었다.

2017년 동수토건은 부산시에서 발주한 22억9000만 원 규모의 마린시티월파방지 사업을 수주했다. 2018년엔 35억8000만 원 상당 규모의 부산 모 아파트 주변 도로공사 사업을 다른 2개 회사와 함께 수주했다. 부산 일광지구 도시개발사업 조경공사를 다른 1개 회사와 함께 수주했고, 사업금액은 45억 원에 달했다. 일부 사업은 전 의원이 부산시의회 부의장을 맡았던 시절에 수주한 것이기도 했다.

취재를 진행한 2020년 말 지방자치법에 따르면 지방의회 의원은 해당 지방자치단체 및 공공단체와 영리를 목적으로 하는 거래를 할 수 없었다. 하지만 회사 대표가 아니거나, 지분이 50% 미만일 경우 예외가 적용되기에 전 의원은 이를 피해 갈 수 있었다. 전 의원은 최대 주주지만, 대표가 아닌 이사였고, 지분을 약 37% 보유한 상태였기 때문이다.

하지만 법률 전문가들은 '실질적 지배력'이 중요하다고 강조하며, 문제가 될 여지가 있다고 조언했다. 동수토건이 아버지 전광수 회장과 전봉민 의원의 절대적 영향력 아래에 있는 '가족 회사'였기 때문이다. 명시적 대표가 아니더라도 사실상 지배권을 행사하는 법인의 경우, 거래 금지 규정이 적용돼 문제가 될 수 있다는 분석이었다.

취재팀 피하던 전봉민 일가,
다른 언론사 기자에 보도 무마 제안까지

취재팀은 전봉민 의원 그리고 아버지 전광수 회장과 만나 직접 해명을 듣고 싶었다. 하지만 지속적인 연락에도 전 의원과 아버지 전 회장은 물론 이진종합건설조차도 뚜렷한 해명을 내놓지 않고 취재팀을 피했다. 여러 차례 전화를 걸어도 "죄송하지만 어렵다"는 말만 반복했다.

이런 상황에서 아버지 전 회장이 한 언론사 취재기자에게 편법 증여 의혹 관련 보도 무마를 대가로 현금 3000만 원을 제안하는 일이 발생하기도 했다. 당시 전 회장은 취재기자에게 "3000만 원 갖고 올게. 나하고 인연을 맺으면 끝까지 간다"고 말했다. 엄연히 김영란법 위반 행위였다. 결국 그는 1심 재판에서 징역 6개월에 집행유예 2년을 선고받았고, 이어진 항소심에선 벌금 2000만 원으로 감형받았다.

민주당과 정의당 등에선 "의원직을 사퇴하라"는 비판이 쏟아졌다. 결국 전 의원은 책임을 지겠다며 국민의힘을 탈당했다. 하지만 본인을 둘러싼 각종 의혹에 대해선 구체적인 답변을 계속 피했다.

취재팀은 의원실도 여러 차례 찾아갔다. 의원실 측에 증여세를 정당하게 낸 게 맞는지 물으며 증빙 서류를 요청했다. 전문가들과 함께 검증을 해보기 위해서였지만, 의원실 관계자는 "냈다"는 말만 반복할 뿐 자료를 제공하진 않았다.

전 의원 측은 "법적으로 문제가 없다. 왜 문제라고 하는지 모르겠다"면서 "법적으로 문제가 없으면 된 것 아닌가"라는 말만 거듭 반복했다. 취재팀은 전 의원 측에 법적인 것과 별개로 고위공직자로서의 도덕적 책임에 대해서도 추궁했지만, 의원실 관계자는 "도덕적으로라면 모르겠다. 그건 국민이 판단하실 것"이라고 말할 뿐이었다. 전 의원은 약 1년 뒤에 슬그머니 복당했다.

부산시의회 특별위원회 가동했지만 결국 흐지부지

취재팀의 보도 이후 부산시의회는 전 의원과 아버지의 '건설특혜·위법성 의혹'을 조사하는 특별위원회를 가동했다. 민주당은 "부산시의원으로 영향력을 행사할 수 있었다는 점을 고려할 때 이해충돌 소지가 있다"며 부산시와 부산도시공사 등에 전체 자료를 제공하라고 요구하기도 했다.

하지만 '맹탕' 특위가 됐다. 송도해수욕장 인근에 지어진 초고층 아파트 관련 특혜 의혹을 조사하기 위한 회의가 열렸지만, 전·현직 공무원 등 43명의 참고인 중 12명만 참석했다. 퇴직 공무원들은 단 1명도 참석하지 않았다. 부산시가 개인정보 보호를 이유로 주소 등 정보를 제공하지 않아, 일부 퇴직 공무원들에게는 특위에 참석하란 요청조차 하지 못했다.

이렇게 지지부진한 특위 활동과 수사 결과는 뻔했다. 경찰은 지난 2021년 말, 일감 몰아주기와 편법증여 및 공직자윤리법과 부패방지법 위반 등에 대해 '불송치(혐의 없음)' 결정을 내렸다. 공정거래위원회도 이진종합건설의 부당 지원 행위에 대해 '무혐의' 결정을 내렸다.

시민단체들은 법적 책임을 피한 것과 별개로 고위공직자로서의 도덕적·윤리적 책임에 대한 문제를 지적했다. 나아가 고위공직자의 이해충돌 문제를 막을 수 있도록, 구체적인 내용이 담긴 이해충돌방지법 제정이 필요하다고 목소리를 높였다. 물론, 국회의원들이 스스로 움직이지 않으면 절대 바뀔 수 없는 문제다.

국민권익위 조사도 피해 간 고위공직자 '가족 법인' 문제

취재팀은 강기윤, 전봉민 의원 외에도 다수의 국회의원 재산 문제를 파헤쳐 보도했다. 그 중심엔 역시 '가족 법인'이 있었다. 하지만 이후에도 고위공직자의 가족 법인 문제는 제대로 감시되지 않고 있다. 현실적인 한계 때문이다.

2021년 국민권익위원회의 국회의원 부동산거래 전수조사도 마찬가지였다. 국회의원이나 가족 개인이 아닌 법인 명의 부동산 거래는 조사 대상에서 아예 빠졌다. 권익위 측은 "개인정보동의서를 받은 부분만 조사한 것"이라며 "수사권이 없기 때문에 범위가 제한될 수밖에 없다"고 말했다.

시민단체들은 "국회의원이나 가족이 법인 임원 혹은 주주로 참여하면, 발생한 이득을 같이 가져가는 구조기 때문에, 이를 검증할 수 있는 제도적 장치가 필요하다"고 지적했다. 취재팀 역시 취재 과정에서 난항을 겪었다. 공개된 정보 자체가 매우 제한적이었기 때문이다.

흔히 '국회의원 제 식구 감싸기'란 말을 한다. 취재팀이 주요 탐사보도를 할 때마다 국민의힘과 민주당은 서로 치열하게 싸우다가도 금세 사그라들었다. 거대 양당 모두 '고위공직자 이해충돌 문제'에서 자유로울 수 없었기 때문일 것이다.

결국엔 유권자인 국민이 변해야 한다. 언론 역시 고위공직자 검증 보도에 더 힘을 쏟아야 한다. 모든 국민은 그 수준에 맞는 지도자를 갖게 된다고 했던가. 더 이상 정치인들이 이해충돌이나 편법증여 문제를 가벼이 여기지 않는, 아니 매우 엄중하게 바라보는 시대가 오길 기대한다.

무식한 취재 방법 뻗치기?
언론 피하는 사람들에게 정공법!

"의원님, JTBC 취재팀입니다. 이스타홀딩스 차입금 출처에 대한 해명을 듣고 싶습니다."

"의원님 이스타홀딩스 자금출처가 사모펀드라는 해명에도, 여전히 80억 원대 자금을 빌려준 주체, 즉 투자자가 누구인지 핵심 내용은 없습니다."

"이 의원님, 오늘도 연락드렸습니다. 저희 취재 결과…"

취재팀의 업무용 스마트폰엔 이상직 의원을 향한 끊임없는 질문이 잔뜩 쌓여 있다. '울림 없는 메아리'처럼 느껴지는 이유는 당시 전화로도, 문자로도 이 의원의 답을 전혀 들을 수 없었기 때문이다.

핵심 당사자의 해명을 듣는 건 취재에서 가장 기본이다. 기자도 사람인지라, 간혹 말도 안 되는 해명엔 '이걸 굳이 기사에 실어야 하나?' 회의감이 들기도 한다. 열심히 찾아갔는데 열심히 피하는 취재원을 보면 '그냥 물어보지 말까?' 지치는 마음이 커질 때도 많다.

하지만 '해명 듣기'는 기사의 공정성을 담보하는 기본적인 장치일 뿐만 아니라 사건의 본질을 파악할 수 있는 중요한 과정이다. 악마에게도 반론권을 보장해야 한다는 말이 괜히 나온 게 아니다. 언론 보도가 법정 다툼으로 이어지는 경우도 잦은데, 이때 매우 중요하게 다뤄지는 게 바로 '해명할 기회를 충분히 보장했는가'이기도 하다.

여기서 딜레마가 생긴다. 해명할 기회를 주겠다는데도 어떻게든 피하려는 사람은 어떻게 해야 할까. 이때 주로 쓰는 방법이 '뻗치기'다. 회사나 집 앞에서 취재원을 무조건 기다리는 방식이다. 뻗치기는 취재 대상을 무작정 기다리는 전통적인 취재 기법을 뜻하는 언론계 은어다. 엎드려뻗치기 자세로 적군을 기다리는 모습에서 유래했다는 말도 있다.

이 의원 취재 때 취재팀은 교대로 뻗치기에 나섰다. 수개월 동안 취재팀이 이 의원을 직접 만날 수 있었던 건 총 5번에 불과하다. 종일 무작정 기다리는 수십 번의 뻗치기 성공률치곤 너무 낮았다. 방송 화면에 나가는 건 뻗치기가 성공했을 때의 모습인데, 그 뒤엔 수많은 실패한 뻗치기가 있었던 셈이다. 그래도 취재팀의 무한 뻗치기는 완전히 허탕으로 끝난 적이 없다. 반드시 한 번

이상 성공하게 만드는 나름의 전략이 있었기 때문이다.

취재원 동선 파악

뻗치기에선 가장 먼저 취재원이 갈 만한 장소들을 생각해야 한다. 이상직 의원의 경우 직장인 국회와 함께 지역구 사무실, 자택인 서초구 아파트, 여의도 오피스텔 등이었다. 여의도 오피스텔은 딸 이수지 씨가 대표로 있던 이스타홀딩스의 사무실이었다.

취재팀은 장시간에 걸쳐 사전취재를 했다. 건물을 드나들 수 있는 출입구를 파악하고 주차장 경로도 익혔다. 이 의원뿐만 아니라 보좌관, 가족 등 관련 있는 사람들의 차량과 번호판까지 외웠다. 카메라를 어디서 들어야 가장 좋을지도 여러 차례 고민했다.

다양한 경우의 수 고려

뻗치기엔 변수가 무척 많다. 한번은 이 의원이 국회 본회의에 참석한다고 해서 취재팀도 급히 출동했다. 일찍부터 한 팀이 이 의원 자리와 가장 가까운 본회의장 통로 쪽에 자리를 잡았다. 그러나 만나지 못했다. '당연히 이 문으로 들어가겠지'란 안일한 생각 탓이었다. 이 의원은 다른 통로로 본회의장에 들어갔다.

국회 본회의장에서 빠져나오는 이상직 의원을 마주한 취재팀의 모습. 본회의장 출구 모두를 '뻗치기'한 결과였다.

어떻게든 나올 때 잡아야 했다. 회사에서 급히 두 팀이 더 출동했다. 본회의장으로 통하는 통로를 하나씩 나눠서 담당했다. 이렇게 모든 통로를 막은 다음에야 이 의원을 만나 질문을 던질 수 있었다. 별다른 답은 없었지만, 취재팀이 여러 차례에 걸쳐 해명할 기회를 줬던 건 분명한 기록으로 남았다.

이처럼 뻗치기 땐 모든 경우의 수를 고려해야 한다. 실수 가능성도 염두에 둬야 한다. 취재팀은 너무 급하게 뛰어간 나머지 카메라 무선 마이크 전원 켜는 걸 깜빡하기도 했다. 물론, 이런 상황을 대비해 다른 장치로 녹음을 할 수 있도록 해둔 덕분에 위기를 넘길 수 있었다.

취재팀은 이상직 의원이 머물던 여의도 오피스텔 지하 주차장에서 뻗치기를 하면서 매일 시간을 기록했다.

식당·화장실 위치 파악

그나마 건물 내부 뻗치기는 상황이 낫다. 문제는 야외다. 살인적인 여름 날씨에 야외에서 매미 소리를 들으며 기약 없는 기다림을 이어갈 때면 '이렇게 기다린다고 되는 걸까'란 회의감이 밀려온다.

그런데 이보다 더 힘든 장소가 있다. 바로 지하 주차장이다. 이 의원이 머물던 여의도 고급 오피스텔 주차장의 경우 한번 들어가면 일단 나오기가 쉽지 않았다.

심지어 화장실 한번 가려면 엘리베이터까지 걸어가서 지상으로 올라갔다가 다시 내려와야 했다. 취재팀 차량만 계속 시동을 켜놓고 있을 수 없어, 창문을 살짝 내려놓고 몇 시간씩 기다리기

실제 취재팀이 뻗치기 중인 모습. 민첩함이 필수적이라 되도록 작은 카메라를 들고 나간다. 반나절 이상을 기다리다 보면 자연스레 긴장감이 느슨해지기도 하는데, 이때 가장 조심해야 한다.

일쑤였다. 분명 처음엔 얼음이 가득했던 아이스 아메리카노가 순식간에 다 녹아 밍밍한 상태가 되던 장면들이 떠오른다.

우스갯소리로 뻗치기는 찰나의 예술이란 말이 있을 정도다. 10시간을 기다렸는데, 정작 잠깐 화장실에 간 1분 사이 취재 대상이 눈앞에서 사라져 버린다면? 이런 일은 비일비재하다. 그만큼 뻗치기는 어려운 일이다.

종합하면 정말 치밀하게 작전을 세워야 한다. 취재원을 만났다고 가정하고 연습도 해야 한다. 순간 당황해서 준비한 질문을 못한 기자들이 한둘이 아니다. 취재팀이 성공적으로 보도를 이어갈 수 있었던 가장 큰 이유는 결정적인 순간에 결정적인 발언들을 받아낸 덕분이었다.

#3

역사적 책임 부정하는 일본 재벌그룹 '미쓰비시' 추적

"미쓰비시가 우리나라에 얼마나 깊숙이 파고들었는지 아세요?"

2021년 초 어느 날이었다. 취재팀에 제보가 왔다. 작은 회사를 경영하는 제보자는 "우리나라에서 잘나가는 일본 제품 대부분에 미쓰비시 돈이 들어가 있다"며 "엄청난 돈을 벌어가고 있다"고 했다. 단순히 '미쓰비시' 상표가 달린 회사만 보면 안 된다고 했다.

미쓰비시는 대표적인 전범 기업으로, 수많은 계열사가 '미쓰비시그룹'으로 묶여 있다. 이 중에서도 특히 미쓰비시중공업에 주목해야 한다. 우리나라 강제동원 피해자들에게 배상하란 판결을 의도적으로 외면하고 있기 때문이다.

지난 2018년 우리 대법원은 미쓰비시중공업에 강제동원 피해자 1인당 최대 1억5000만 원을 배상하라고 판결했다. 제보자의 증언이 사실이라면, 미쓰비시는 역사적 책임은 외면하면서도, 우리나라에서 큰돈을 벌어가고 있는 셈이었다. 미쓰비시그룹을 추적하는 탐사 취재에 들어간 배경이었다.

한국에 다수 계열사 두고 연 7천억 매출 미쓰비시 한국 법인

우선 미쓰비시 간판을 달고 있는 국내 법인들부터 살펴봤다. 전기, 엘리베이터, 제약, 상사 등 여러 회사가 포착됐다. 회사 규모가 큰 만큼, 계열사 전체 법인 등본과 감사보고서 등 기본적으로 봐야 하는 서류만 해도 산더미였다. 서류 일체를 인쇄해 책상에 쌓아 두고 차근차근 밑줄을 그어 가며 확인해 나가기 시작했다. 전기오토메이션 3500억 원, 엘리베이터 2640억 원, 제약 670억 원, 상사 230억 원… 2019년 기준 연 매출을 모두 합쳐 보니 확인된 것만 7000억 원이 넘었다. 심지어 전년도보다 매출액이 늘어났다.

2019년은 '노노재팬'이라 불리는 일본 불매운동이 한창이었다. 소셜미디어에서 자발적으로 일본 여행을 취소했다는 '인증샷'이 넘쳐나던 시기였다. 이 때문에 일본 맥주로 유명한 아사히

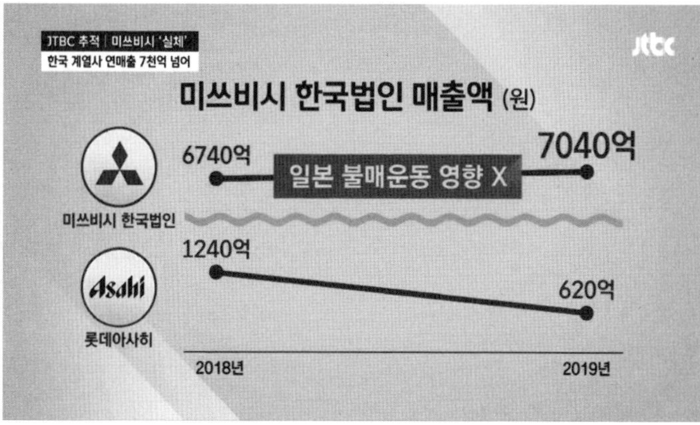

미쓰비시 한국 법인들은 2019년 일본 불매운동 여파 속에서 도리어 성장세를 기록했다.

주류 매출액은 순식간에 반토막이 났고, 의류 브랜드 유니클로 역시 일부 매장이 문을 닫았다. 이런 상황에서도 미쓰비시 한국 법인들은 전혀 영향을 받지 않고 오히려 성장했던 것이었다.

미쓰비시 한국 법인들 하나하나에 전화를 걸어 이렇게 돈을 잘 벌면서도 역사적 책임을 외면하는 이유가 무엇인지 물었다. 서로 약속이나 한 듯, 비슷한 답변을 내놨다.

> "저희는 달라요. 그룹사 아니에요. 저희하고 중공업은 전혀 다른 회사예요."

— 미쓰비시 A한국법인 관계자

> "지분을 보더라도 전혀 상관이 없어요."

— 미쓰비시 B한국법인 관계자

어떤 계열사에 전화를 걸어도 같은 답변이 돌아왔다. 서울 곳곳에 사무실을 둔 일부 계열사엔 직접 찾아가 답변을 요청했지만, 다른 이야기를 들을 순 없었다.

미쓰비시 일본 계열사들에도 전화를 걸어 입장을 물었다. 한국 법인과 마찬가지였다. "우린 미쓰비시중공업과 무관한 회사"라고 답했다. 일본의 한 미쓰비시 계열사에선 친절하게 설명을 곁들이기까지 했다. 미쓰비시그룹은 제2차 세계대전 이후 해체됐다며 '다른 회사'란 주장이었다.

결국 일본과 한국에서 영업 중인 수십 개 미쓰비시 계열사들이 공통적으로 "우리는 서로 분리된 전혀 다른 회사"라고 주장하고 있는 상황이었다. 같은 이름, 같은 로고를 사용하는 계열사인데 이렇게까지 서로 "관련 없다"고 부인하는 이유가 무엇일까.

우리 기업이 앞장서서 밀어준 미쓰비시그룹

전국에서 일본 불매운동이 퍼질 때 도리어 미쓰비시 한국 법인들의 매출이 늘어날 수 있었던 건, 미쓰비시가 일반 소비자가 아닌 정부나 기업과 거래하는 이른바 B2B(Business to Business) 중심의 사업을 하기 때문이었다. 취재팀은 미쓰비시가 어디서 어떻게 돈을 벌었는지 추적해 보기로 했다. 역시 감사보고서 등 서류를 통해 확인할 수 있는 내용들을 바탕으로 취재를 이어갔다.

그 결과 우리 기업이 미쓰비시 계열사들과 제법 큰 규모의 거래를 여러 건 해왔다는 사실이 드러났다. 심지어 세금이 들어간 공기업도 미쓰비시와 거래해 오고 있었다. '미쓰비시엘리베이터'가 대표적이었다. '한국 미쓰비시엘리베이터'는 일본 미쓰비시전기가 54%, 미쓰비시전기빌딩테크노서비스가 26%, 미쓰비시상사가 20% 지분으로 출자한 국내 법인이다.

취재팀은 '미쓰비시엘리베이터'를 어떤 기관에서 사용하고 있는지 찾아보기로 했다. 찾는 방법은 간단했다. 행정안전부에서 관리하는 '국가승강기정보센터' 사이트 검색창에 기관 이름을 넣으면 해당 기관 어느 건물, 어느 층에 어떤 회사가 만든 엘리베이터를 사용하고 있는지 상세한 정보가 나온다.

우선 국내 모든 공기업과 공공기관, 국립대학교 리스트를 추렸다. 그리고 이름을 하나씩 검색창에 넣어가며 미쓰비시엘리베이터를 사용하고 있는 기관들을 골라냈다. 꽤 많은 곳에서 미쓰비시엘리베이터를 사용하고 있음을 알 수 있었다. 다음으로 할 일은 현장을 찾아가 보는 거였다. 지금도 미쓰비시엘리베이터를 사용하고 있는지 직접 확인하기 위해서였다.

가장 먼저 찾아간 곳은 수원시청이었다. 국가승강기정보센터에 따르면 미쓰비시엘리베이터는 수원시청 신관에 설치돼 있었다. 수원시 측에 배경 설명을 요구했다. 시 관계자는 취재팀에 "처음 엘리베이터를 설치한 2006년은 미쓰비시가 전범 기업이라는 문제의식이 별로 없었던 시기"라고 했다. "오히려 일본과 한국 사이가 굉장히 좋았던 시절"이란 말도 덧붙였다. 참고로 강제동원 피해자 배상 문제는 1999년과 2000년, 피해자들이 각각 일본과 한국 법원에 소송을 내면서 본격적으로 이슈화됐다. 시 관계자의 해명은 설득력이 떨어졌다.

지자체뿐 아니라 서울대학교와 카이스트 등 국내 주요 대학들도 미쓰비시엘리베이터를 사용하고 있었다. 하지만 대학교의 경우 재학생이거나 해당 학교 졸업생이 아니면 건물에 들어갈 수 없는 곳이 많아 취재팀이 현장을 직접 확인하기 어려웠다. 다행히 학교 근처에서 마주친 학생들한테서 도움을 받을 수 있었다. 학생들은 취재팀 대신 학교 건물에 미쓰비시엘리베이터가 설치된 사실을 확인해 줬다.

엘리베이터는 한번 설치하면 쉽게 교체하기 어렵고 유지관리비가 꽤 많이 든다. 취재팀이 주목한 부분도 여기에 있었다. 설치 당시 상황은 둘째치더라도 지금도 계속해서 '국민 세금'이 미쓰비시로 들어가고 있었기 때문이다.

이 대학들은 왜 다른 업체 대신 미쓰비시엘리베이터를 선택했을까. 대학 관계자들은 "경쟁 입찰로 최저가 업체를 선정했다"고 답했다. 가격만 따졌다는 것이다. "한번 선정한 업체를 자주 바꾸기 어려우니 계속 쓰고 있다"고도 했다.

한국전력공사 산하 주요 발전사들도 미쓰비시와 거래해 왔다. 구체적인 정보 파악을 위해 국회의원실을 통해 공기업인 한국전력공사 측에 정보공개를 요구했다. 그 결과 해당 발전사들이 미쓰비시히타치 부품 수천억 원어치를 사들였다는 사실을 확인할 수 있었다. 미쓰비시히타치는 핵심 전범 기업인 미쓰비시중공업과 또 다른 전범 기업 히타치가 합작해 만든 회사다. 한국전력공사 산하 발전사 4곳이 지난 2015년부터 6년간 2000억 원 넘게 이 회사의 제품을 사들였다. 같은 기간 국산품을 구매한 액수의 3배가 넘었다. 특히 한국서부발전이 쓴 돈은 약 849억 원이었다.

민간 기업인 LS그룹 계열사는 아예 자사 감사보고서에 전범 기업 당사자인 미쓰비시중공업과 직접 거래했다고 기재했다. 이 내용은 취재팀 보도 이후 국제적으로 큰 파장을 일으켰다. 일본 정부가 직접 나서 반발하기도 했다. (이 내용은 뒷부분에 자세히 기록했다.)

전문가들은 미쓰비시가 사과와 배상 없이도 한국에서 잘나가니 굳이 사과와 배상할 필요를 못 느꼈을 거라고 지적했다. 김대종 세종대 경영학부 교수는 "일본 기업에 '사과하지 않아도 기업의 판매 실적이나 매출엔 영향이 없구나'와 같은 신호를 줬을 것"이라고 했다.

그러나 같은 전범 기업인 독일 기업들의 상황은 다르다. 세계

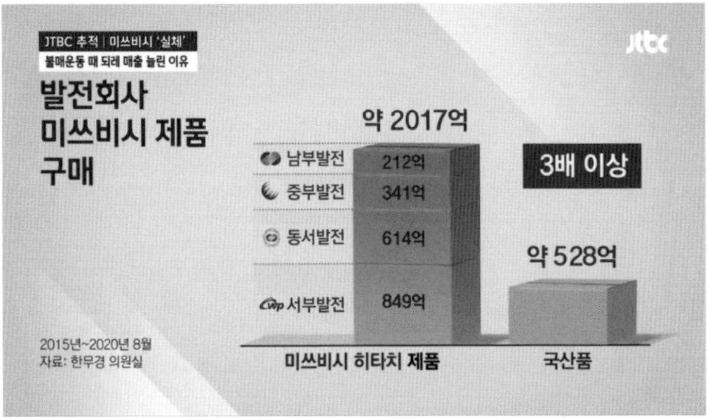

한국전력공사 산하 주요 발전사들은 핵심 전범 기업인 미쓰비시히타치의 부품을 6년간 2000억 원 넘게 사들였다. 같은 기간 국산품 구매 액수와 확연히 비교된다.

적으로 인정받는 독일 자동차 기업들은 과거 피해국 격인 이스라엘에서 유독 매출 순위권에 들지 못하는 경우가 많다. 우리가 마주한 현실과 무척 대조적이다.

잘나가는 일본 기업들 중심엔 '더마스터트러스트뱅크오브재팬'

'돈은 거짓말하지 않는다'는 말이 있다. 미쓰비시그룹이 정말 해체된 것이라면 돈으로도 엮여 있지 않아야 할 것이다. 취재팀은 이 부분에 주목했다. 그들이 정말 해체돼, 완전히 별개 회사로

취재팀은 일본 미쓰비시그룹 회사를 '돈'을 중심으로 추적했다.

운영 중인지 추적했다. 이번에도 한국과 일본 미쓰비시 관계사 감사보고서 등을 중심으로 따져 보면서 특히 일본 현지 자료를 집중적으로 파헤쳤다.

공통점이 보이기 시작했다. 일본 미쓰비시 회사들의 돈을 따라가 보니 항상 '더마스터트러스트뱅크오브재팬'이란 신탁은행이 등장했다. 이 은행 최대 주주는 미쓰비시은행. 신탁은행 관계자는 자신들이 미쓰비시은행 자회사라고 설명했다. 미쓰비시 계열 은행들은 마치 지주회사처럼 미쓰비시그룹 중심에 있었다.

미쓰비시 주요 계열사들은 모두 돈으로 복잡하게 얽혀 있었다. 돈의 흐름을 읽어낼 수 있는 능력이 없으면 쉽게 이해하기 어려울 정도로 지분 관계가 복잡했다. 취재팀이 주목한 또 하나의

일본 도쿄 '더마스터트러스트뱅크오브재팬' 빌딩. 어디에도 미쓰비시 이름은 없지만, 미쓰비시 그룹 중심에 있는 금융사다.

포인트는 대부분 계열사가 비상장기업인 '미쓰비시캐피탈'의 주요 주주란 점이었다. '서로 관련이 없다'던 회사들이 하나의 기업, 그것도 상장기업도 아닌 비상장기업 주식을 공통적으로 나눠 갖고 있었다. 매우 이례적인 일이었다. 서로 무관하다고 보기 어려웠다.

한국서 잘나가는 닌텐도·무인양품의 '자금줄'은 미쓰비시

제보자의 말은 사실이었다. 국내에서 잘나가는 캐논, 니콘, 야마하, 무인양품, 아식스, 그리고 닌텐도까지. 이들의 최대 주주도 신탁은행 '더마스터트러스트뱅크오브재팬'(이하 마스터신탁은행)이었다. 이 일본 기업들은 우리나라에서 한 해 얼마를 벌고 있을까. 취재팀이 확인한 연 매출액만 16조 원이 넘었다.

신탁은행은 일반 은행과 조금 다르다. 쉽게 설명하면 '대신 맡아서 관리해 주는' 은행으로 실제 주식 소유주가 따로 있다. 확실한 건 신탁은행이 수수료 등 다양한 명목으로 꼬박꼬박 거액을 챙겨 간다는 점이다.

주주총회 영향력도 세다. 주요 안건에 어떠한 입장을 갖는 게 좋을지 실소유주에게 권유하고, 그들을 대리해 권한을 직접 행사하기 때문이다. 취재팀은 위에 언급한 일본 기업들에 전화를 걸어 마스터신탁은행과 어떤 관계인지 물었다.

> "대주주로서 일본 마스터신탁은행 주식회사의 이름이 기재되어 있지만, 경영엔 관여하지 않는다."
>
> — 일본 A회사 관계자

"주주총회 의안에 대해서는 찬반을 정하지만, 그 외의 경영을 한다든가 하는 일은 일절 없다."

— 일본 B회사 관계자

"마스터신탁은행이 주식을 많이 보유한 것에 대해 회사가 컨트롤할 수 없다. 우리는 미쓰비시그룹이 아니다."

— 일본 C회사 관계자

비슷한 취지의 답변이 이어졌다. 마스터신탁은행 측도 마치 말을 맞춘 듯 답변을 내놨다. 돈을 맡긴 주인은 따로 있다며 자신들은 의결권 대행 등 관리만 한다고 했다. 마스터신탁은행 관계자는 "저희가 판단해서 의결권을 행사하고 있는 건 아니"라고 말했다.

그러면서도 정확히 누가 얼마를 맡겼는지 등 자금 출처는 공개할 수 없다고 했다. 취재 과정에서 미쓰비시중공업이 마스터신탁은행을 통해 미쓰비시상사 지분 2.18%를 보유 중이란 사실을 알게 됐다. 마스터신탁은행의 자금 출처가 중요한 이유다. 결국, 미쓰비시 관련 자금이 신탁은행 계정을 통해 여러 일본 회사에 들어갔을 수 있었지만, 정확한 내용은 누구도 알 수 없었다.

취재팀은 일본 회사들에 전화를 걸었다. 서로 어떤 관계인지 묻기 위해서였다. 그러나 어느 곳에서도 구체적인 답변을 주지 않았다. 그나마 미쓰비시UFJ캐피탈 관계자가 "우리는 비공개 회사라서, 지금 있는 공개 정보 이외의 걸 전해 드릴 의무는 전혀 없다. 죄송하지만 답변 드릴 수 없다"고 말한 게 전부였다. 하지만 돈뿐만 아니라 사람도 공유하고 있었다. 미쓰비시 주요 기업의 임원 명단을 확인한 결과 미쓰비시 주요 회사 간 임원진 겹치기 여러 건을 발견했다. 미쓰비시중공업 임원이 미쓰비시상사 임원을 맡는 등 곳곳에서 겸직이 이뤄지고 있었다. 서로 전혀 무관한 회사들이라더니 돈으로 사람으로 끈끈하게 얽혀 있는 모습이었다.

그들은 공동으로 사회 공헌 활동을 하거나 그룹을 홍보하는 잡지도 발행하고 있었다. 심지어 한 달에 한 번 핵심 27개 계열사 사장들이 모이는 '금요회'란 모임도 운영 중이었다. 일본 현지를 취재해보니 과거보다 결속력이 약해졌다는 평가가 있을지언정, 미쓰비시는 여전히 강력한 그룹이란 증거가 곳곳에서 나왔다. 특히 핵심 전범 기업 미쓰비시중공업을 비롯해 미쓰비시상사 등 규모가 큰 회사들을 중심으로 강력한 힘이 있다는 평가가 나왔다. 미쓰비시그룹 관계자는 "금요회는 무언가 명령이 나온다든가 그런 게 아니라 의견 교환을 하는 곳"이라고 해명했다.

박상인 경실련 정책위원장(서울대 행정대학원 교수)은 "독립적이라 책임이 없다는 주장은 전혀 타당성이 없다고 본다"며 "사실상 하나의 기업집단으로 움직이고 있다고 판단하는 게 타당하다"고 분석했다. 그렇다고 하더라도 미쓰비시중공업이 아닌 다른 계열사에 법적인 배상 책임을 물을 순 없다. 법률적으론 엄연히 다른 존재기 때문이다.

허종선 변호사는 “미쓰비시그룹이 도의적으로라도 책임을 지면 좋겠지만 이를 기대하긴 어렵다”며 “법률상 강제집행은 오로지 미쓰비시중공업 소유 재산에만 가능하다”고 말했다. 미쓰비시중공업과 관련된 국내 자산을 더 적극적으로 찾아야만 했다.

어느 정도 취재를 진행한 후 취재팀은 미쓰비시중공업 본사에 직접 해명을 요청했다. 관계사들이 한국에서 큰돈을 벌고 있음에도, 대법원 판결을 따르지 않는 이유가 무엇인지 물었다. 피해자 배상과 사과의 뜻이 있는지도 물었다. 여러 차례 전화를 시도했을 뿐만 아니라, 국제 우편으로 직접 질의서를 보내기도 했다. 어렵게 연결된 미쓰비시중공업 담당자는 당당한 태도로 이렇게 답했다.

> “특별히 예정된 건 없습니다. 재판은 재판이고, 비즈니스는 비즈니스라고 생각하기 때문입니다.”
>
> — 일본 미쓰비시중공업 관계자

일본 정부의 태도 역시 마찬가지였다. 취재팀은 일본 외무성에 강제동원 피해자 배상 문제 관련 공식 인터뷰를 요청했다. 외무성 측은 “한반도와 중국, 미국은 제2차 세계대전에 대한 법률상 위치가 다르다”면서 “한·일 청구권 문제는 1965년 협정으로 해결됐기 때문에 그게 일본 정부 입장”이라고 밝혔다. 엄연히 개인

청구권에 따른 전범 기업의 배상 책임은 별개 문제인데 "이미 다 해결됐다"는 기존 입장만 되풀이했다.

일본군 위안부 피해자 등의 권리 회복을 위해 노력해 온 야마모토 세이타 변호사는 취재팀과의 인터뷰에서 "어떻게 청구해야 하느냐에 대해 다를 순 있어도, (강제동원 피해자들의) 개인 청구권은 사라지지 않았다"고 말했다.

이영채 일본 게이센여학원대 교수는 "한국 하나의 문제가 아니고 아시아 전체에 다시 전후 배상 처리를 해야 한다는 위기의식을 갖고 있기 때문"이라고 분석하기도 했다. 강제동원 피해를 본 아시아의 다른 국가들에서 동시다발적으로 배상을 요구하고 나올 가능성 때문에 원천적으로 선을 긋고 있다는 것이다.

미쓰비시그룹
도대체 얼마나 큰 그룹일까?

미쓰비시그룹은 공개된 정보가 매우 제한적이다. 일본 언론조차 미쓰비시그룹의 정확한 실체는 베일에 감춰져 있다고 평가할 정도다. 그나마 일본 유력 경제 주간지 동양경제가 2020년 미쓰비시그룹을 자세히 분석한 특집기사를 내놓은 적이 있다. 그들은 미쓰비시를 150년 명문 재벌이라고 표현했다. 미쓰비시가 일본 최대 규모 그룹이라면서 연결된 회사가 비상장기업 제외 모두 4500여 개이고, 총 매출액은 69.3조 엔, 우리 돈 약 710조 원에 달한다고 추정했다.

취재팀은 동양경제 측에 공식 인터뷰를 요청했지만, 그들은 인터뷰를 거절했다. 동양경제 보도 방향은 미쓰비시가 알려진 것보다도 훨씬 더 규모가 큰 재벌그룹이라는 일종의 칭찬 기사였다. 다만 동양경제 측은 이메일을 통해 "미쓰비시는 재벌 해체 이후 현재도 인적, 자본적인 관계가 있는 그룹으로 존재하고 있다"며 "이사진들의 이동이 있는 등 이른바 '짬짜미' 의혹이 있는 건 사실"이라고 알려왔다. 취재팀의 취재 결과와도 일치하는 내용이었다.

가장 악랄했던 전범 기업,
지금도 강력한 로비력

미쓰비시그룹의 역사는 1800년대 메이지 유신으로 거슬러 올라간다. 시작은 '츠쿠모상사'란 작은 상회로, 이후 선박 회사와 여러 상점을 인수하며 점차 사세를 확장했다. 그리고 1873년에 우리가 알고 있는 미쓰비시상회로 이름을 바꾼 뒤 더 강력한 기업으로 성장했다. 특히 제2차 세계대전 당시 일본의 침략 전쟁을 지원할 군수 공장을 세우고 군함, 어뢰, 항공기 등 군수품을 생산

일본 도쿄 '미쓰비시상사' 빌딩. 건물 곳곳에 배치된 다수의 경비원이 간단한 외경 촬영조차 제지하는 바람에 멀리서 촬영해야 했다.

하면서 폭발적으로 몸집을 키웠다. 일본 미쓰비시 나가사키 조선소에선 전쟁에 쓰일 80여 척의 군함과 1만 개 이상의 어뢰가 생산된 것으로 알려졌다.

미쓰비시의 성장 배경엔 당시 일본의 식민지였던 조선인의 값싼 노동력이 깔려 있다. 취재팀은 정확하게 얼마나 많은 조선인이 일본 미쓰비시에서 강제 노동을 했는지 알기 위해 행정안전부를 비롯한 여러 정부 기관과 연구기관에 문의했다. 하지만 어느 곳에서도 정확한 통계를 알 수 없었다. 그 이유 중 하나는 일본이 강제동원에 대해 정확한 기록을 남기지 않았고, 그나마 있었던 기록마저 철저히 없앴기 때문이다.

일각에선 강제동원 피해자를 10만 명 정도로 추산한다. 이 역시 근거가 될 수 있는 정확한 자료는 없다. 여러 가지 역사적 기록, 증언, 조사를 통해 추측할 뿐이다. 하지만 중요한 건 인원의 많고 적음보다도, 일본이 침략 전쟁을 위해 조선인들을 대규모로 강제동원했던 것 자체는 명백한 사실이란 점이다.

미쓰비시는 조선과 중국 등에 수많은 군수 공장을 세우고 많은 사람을 수탈했다. 그 과정에서 셀 수 없이 많은 사람이 죽고 다쳤지만, 미쓰비시는 이런 사실을 여전히 인정하지 않고 있다. 대표적인 조선인 강제동원지 중 하나는 앞서 언급한 미쓰비시 나가사키 조선소. 민족문제연구소는 조선인 6000여 명이 이곳에서 가혹한 노동과 임금에 시달린 것으로 추정하고 있다. 1944년 나가사키 조선소로 끌려간 김한수 할아버지는 당시 생활을 이렇게 증언한다.

> "동과 아연 도금 공장에서 일했다. 구리 파이프를 구부리는 작업을 하다가 체인이 끊어지는 바람에 발가락이 부러져 병원에 갔지만 주사 한 대만 놔주었다. 발이 퉁퉁 부은 상태로 계속 일해야 했다."
>
> — 일제강점하 강제동원피해 진상규명위원회, 〈내 몸에 새겨진 8월〉, 2008

조선인 여성들은 일본 나고야 미쓰비시 항공제작소로 끌려갔

김한수 할아버지(1944년 8월 강제동원)

다. 당시 10대였던 어린 소녀들은 무거운 기체를 나르고 고약한 냄새가 나는 페인트를 칠하는 등 온종일 버거운 일에 시달렸다. 사실상 아동 착취 현장이었다.

정혜경 일제강제동원·평화연구회 대표연구위원은 "근로정신대는 당시 법령에 따라 12살부터였다. 어린 소녀들에게 아동학대를 저질렀다"며 "당시 ILO 강제노동협약에 위반되는 것"이라고 지적했다. 당연히 적법한 임금도, 충분한 휴식과 먹거리도 제공되지 않았다. 겨울엔 추위와 여름엔 더위와 싸워야 했다. 일부 생존자들은 도망가고 싶었지만, 그마저도 불가능했다고 증언한다.

미 정보당국에
일본의 강제동원 관련 정보공개청구

당시 미쓰비시 모습을 증언이 아닌, 실제 사진이나 영상으로 확인할 방법은 없을까. 취재팀은 미국의 국가정보원 격인 CIA와 미 국무부를 비롯한 각종 해외 정보기관에 정보공개청구를 했다. 제2차 세계대전 당시 일본의 노동자 강제동원 관련 자료 일체를 달라고 했다. 특히 당시의 생생한 상황이 담긴 동영상이나 사진 자료가 있다면 우선적으로 공개해 달라고 요청했다.

취재팀이 미 CIA에 정보공개청구를 접수한 건 2021년 4월경. CIA는 정보공개법(Freedom of Information Act, FOIA)에 근거해 자국민이 아닌 사람들도 정보공개청구를 할 수 있도록 하고 있다. 취재팀은 CIA 공식 홈페이지를 통해 요청서를 접수했다.

사실 요청서를 쓰면서도 '정말 CIA에서 답장을 보내올까?'란 의구심이 들었다. 외국인 신분으로 접수된 요청서를 CIA에서 얼마나 자세히 들여다볼지 쉽게 상상이 되지 않았기 때문이다.

한 달 정도가 지났을까. 요청서에 적어낸 문구가 가물가물해지기 시작할 즈음, 회사에 외국에서 등기 우편이 도착했다는 연락을 받았다. 우편물을 찾고 보니 '보낸 사람'에 CIA라고 적혀 있었다. 답변 내용엔 취재팀이 공개를 요청한 자료가 어디에 어떻게 있는지가 포함돼 있었다.

해외 정보기관에도 정보공개청구를 할 수 있을까?

우리나라에선 정보공개청구 시스템을 통해 정부 기관 등에 정보공개청구를 할 수 있도록 하고 있다. 해외 정보기관은 어떨까? 일단 영어를 사용해야 한다는 점이 벽으로 느껴질 수 있지만, 몇 가지 방법만 숙지하고 있다면 누구나 어렵지 않게 정보공개청구를 해 볼 수 있다.

더욱이 해외 정보기관이나 정부 부처 중 상당수는 우리나라보다 더 많은 정보를 체계적으로 공개하고 있다. 덕분에 외국인이더라도 양식과 절차만 잘 지킨다면, 또 해당 정보기관이 보유한 정보를 적확하게 요구한다면 세상에 알려지지 않은 새로운 자료를 받아볼 수 있다.

CIA에 정보공개청구를 하는 방법은 생각보다 간단하다. 홈페이지(https://www.foia.gov)에 들어가 청구자의 이름, 주소, 연락처, 이메일 등 간단한 신상 정보를 적고, 정보를 받고자 하는 기관을 선택한다. 그리고 각 기관에서 정하고 있는 소정의 양식에 맞춰 원하는 자료가 무엇인지 적으면 끝이다. 청구자가 원하는 정보가 무엇인지, 정보의 형태는 무엇인지 등 자세하게 적을수록 필요한 자료를 받을 수 있는 확률이 높아진다.

미국뿐 아니라 영국의 정보기관에도 비슷한 방식으로 정보공개청구를 할 수 있다. 방식은 같다. 정보를 받고자 하는 기관을 선택한 뒤, 원하는 정보가 무엇인지, 어떤 목적으로 얻고자 하는지를 상세히 적어 이메일을 보내면 된다.

CIA가 알려준 곳으로 접속해봤다. 전쟁 관련 자료들이 유형별, 주제별로 체계적으로 정리돼 있었다. CIA에서 작성한 내부 보고서가 대부분이었고, 미군이 전쟁 지역에서 직접 촬영한 영상과 사진도 많았다. 모두 'confidential'(기밀) 등의 문구가 선명하게 찍혀 있었는데, 한때 외부에 공개되지 않은 기밀 자료였음을 알 수 있었다.

볼 수 있는 자료만 수십만 건이었다. 취재팀 인력으로 모든 자료를 하나하나 열어보기엔 역부족이었다. 더욱이 보고서가 모두 영어로 쓰여 있는 데다, 작성된 지 수십 년이 지난 문건들이다 보니 군데군데 흐릿하게 스캔된 것들이 많아 내용을 알아보기 쉽지 않았다.

취재팀이 필요했던 건 수많은 기록물 중에서도 당시 미쓰비시에 의한 전쟁 범죄 관련 기록이었다. 원하는 자료를 찾기 위해 키워드를 넣어 검색해 보기로 했다. '미쓰비시' '강제동원' '강제노동' '노동자' 등 각종 영어 단어로 키워드를 바꿔 가며 검색하고 또 검색했다. 검색된 자료 중 미쓰비시와 연관이 있어 보이는 자료만 추리는 방식으로 분석해 나갔다.

기밀 문건들 틈에서 발견한 일본 미쓰비시그룹의 흔적

수많은 문건 중, 취재팀은 최종적으로 두 건의 보고서를 추려냈다. 이 문건은 1946년 9월, 일본의 패전 직후 미국 전략정보국에서 작성한 보고서였다. 미 전략정보국은 CIA 전신이기도 하다. 분량은 총 58쪽. 당시 미 정보당국이 일본인 첩보 요원들을 심문해서 보고서를 작성했다고 쓰여 있었다. 이 첩보 요원들은 모두 제2차 세계대전이 한창이던 1940년에서 1945년 사이 북유럽 곳곳에서 활동했다. 이 보고서에 언급된 인물들은 1942년부터 본격적인 첩보 활동이 시작된, 스웨덴 스톡홀름이 주 활동 무대였

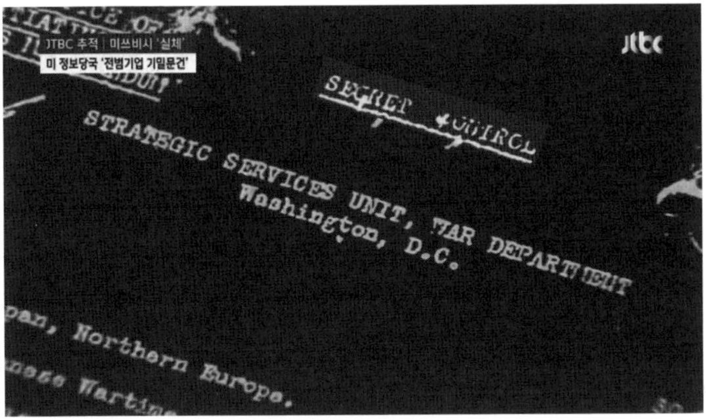

취재팀이 찾아낸 미국 전략정보국(현 CIA) 기밀 문건 표지

다. 이름은 당시 장군 직위를 갖고 있었던 '오노데라'와 기업에서 파견 나온 '이노우에 요이치' 등이었다.

보고서 작성자는 이들이 당시 스웨덴에서 어떻게 첩보 활동을 했고, 자금은 어떻게 조달했으며, 어느 정도 규모의 돈을 사용했는지까지 상세히 적었다. 오노데라 등은 모두 러시아 등지에서 정보 요원으로서 특수한 훈련을 마친 전문 첩보 요원들이었다. 그런데 이들에 대한 심문 내용 중 '미쓰비시'란 단어가 있었다.

> "오노데라의 부인은 1942년 4월까지 사무 일을 도왔다. 이즈음, 혼마와 이노우에가 사무실에 합류했다. 이들은 각각 미쓰이와 미쓰비시 소속이었다. 이들은 정보 활동 교육을 별도로 받은 사람들은 아니었다."
>
> — 미 정보당국의 기밀 문건 내용 중

당시 일본 군에서 전문 첩보 활동을 위해 북유럽에 차렸던 사무실에서 미쓰이와 미쓰비시 출신 기업인들도 함께 일했다는 걸 알 수 있는 대목이었다. 보고서에 따르면 이들을 포함한 직원들은 군 사무실과 같은 건물에 살거나 스톡홀름 외곽에 살았다. 미 정보당국은 이런 내용과 함께 이들의 인맥, 담당 업무 내용 등 인적사항도 상세하게 조사해 덧붙였다. 미쓰비시 등 전범 기업이 단순히 사람을 보내는 것에 그치지 않았음을 짐작해 볼 수 있는 내용도 있었다.

> "군 당국의 사무실에 배정된 자금은 도쿄에서 직접 보내왔고, 완전히 독립적으로 사용됐다. (중략) 오노데라의 자금은 세 가지 카테고리로 나뉘어 사용됐다. 사무실 운영 비용, 정보 활동 비용, 그리고 군용 물품 구매 비용. 행정 비용과 정보 활동 자금은 군 작전 참모들이 주로 사용했다. 계좌는 오노데라 장군의 이름으로 개설했으며, 일본 전쟁부와 오쿠라, 미쓰이, 미쓰비시 그리고 쇼와의 베를린 지국을 통해 자금을 조달했다. 이 회사들은 일본 정부로부터 군용 물품을 구입하라는 의뢰를 받기도 했다."
>
> — 미 정보당국의 기밀 문건 내용 중

미쓰비시가 전쟁 당시 사람과 돈을 기반으로 첩보 활동에 적극적으로 가담했다는 사실은 물론, 일본 정부를 대신해 현지에서 필요한 군용 물품을 사들이는 역할까지도 담당했음을 알 수 있었다.

당시 이들이 쓴 자금은 어느 정도였을까. 문건에 따르면 매년 16만 크로나를 썼다. 패전 직전인 1944년도엔 약 3배로 늘어나 48만 크로나를 썼다. 48만 크로나면 얼마나 많은 돈일지 계산해봤다. 스웨덴 정부기관에서 운영하는 공식 홈페이지를 통해, 비슷한 시기에 작성된 물가 관련 보고서를 참조했다. 이 보고서를 기준으로, 48만 크로나는 성인 남성 노동자 2700여 명이 휴일 없이 한 달 내내 일해야 받을 수 있을 정도로 큰돈이었다.

오노데라 장군을 포함한 첩보 요원들은 이 돈을 생활 자금으로 쓰거나 비밀 정보원들에게 직접 전달했다. 특히 미쓰비시 출신의 이노우에가 돈을 사용한 방식이 상세히 적혀 있었다. 보고서 내용에 따르면 이노우에는 첩보 활동을 하는 동안에도 미쓰비시로부터 월급을 받은 것으로 추정된다.

> "정보 활동 비용은 비밀 정보원들에게 직접 지불하는 데 주로 사용됐다. 해외 정보 지국에 돈을 송금하기도 했다. (중략) 또한 일부 금액은 이노우에가 비밀 정보원들로부터 출판물 등을 사들이는 데 사용되기도 했다."
>
> — 미 정보당국의 기밀 문건 내용 중

미국은 어떻게 방대한 기밀 자료를 공개하게 되었을까?

미국 CIA가 한때는 기밀 자료였던 보고서, 사진, 영상 등 방대한 자료들을 공개하게 된 건 전쟁 이후 만들어진 정보공개법 덕분이다. 미국은 나치정보공개법, 일본제국정보공개법 등 입법을 통해 순차적으로 전쟁 관련 기록물들을 공개했다. 이 법들은 이름 그대로 제2차 세계대전 당시 독일 나치와 일본이 저지른 전쟁 범죄에 관련된 자료들을 공개하도록 하고 있다.

미국은 이 법에 따라 꽤 많은 인력을 투입해 오늘날 많은 역사 자료들을 체계적으로 정리해 인터넷으로 공개하고 있다. 이런 입법 배경엔 미국 내에서 독일 기업을 상대로 한 유대인 피해자들의 소송도 영향을 줬다. 이런 소송을 계기로 국제적으로 과거 청산 혹은 극복이란 움직임이 일면서, 미국 내에서도 정보 공개를 해야 한다는 목소리가 커졌다.

이렇게 공개된 나치 전범 자료는 총 800만 건, 일본 전범 자료는 약 10만 건이다. 자료의 양만 놓고 보면 일본 관련 자료가 현저히 적은데, 취재팀과 만난 전문가들은 일본이 패전 과정에서 주요 기밀 자료들을 많이 없앴기 때문이라고 설명했다.

미국엔 이렇게 공개된 자료를 정리하고 관리하는 국립문서기록관리청(National Archives and Records Administration, NARA)이란 기관이 있다. 이곳은 정보공개법 제정 이후 조사관 100여 명 규모의 분석 조직을 꾸렸고, 여기엔 여러 분야의 학자들도 참여했다. 이들은 CIA를 비롯한 미국 정보기관이 갖고 있는 자료들을 전반적으로 훑으면서 어떤 내용이 있는지, 또 어떤 범위까지 공개할 것인지 등을 논의했다. 그들이 살펴본 내용엔 독일과 일본 등 전범국들에 의한 포로 억류 및 학대, 강제 노동, 세균전, 일본군 위안부, 전범 재판 기록 등이 있었다.

취재팀이 두 번째로 주목한 자료는 제2차 세계대전 당시 일본 외무성 차관이었던 '마쓰모토 슌이치'를 심문하고 나서 작성된 보고서다. 38쪽 분량의 이 보고서엔 미 정보당국의 심문용 질문과 답변이 빼곡하게 적혀 있었다. 작성 날짜는 1947년 4월 29일. 마쓰모토 슌이치 차관의 이력도 연도별로 상세하게 기록돼 있었다.

당시 심문 담당자는 슌이치 차관에게 전쟁 당시 일본이 자행한 여러 범죄 행위에 대해 자세히 따져 물었다. 이 중 전쟁 포로들을 미쓰비시 조선소에 동원한 것에 대해 어떻게 생각하는지 묻는 내용도 포함돼 있었다.

Q 미쓰비시 나가사키 조선소에 전쟁 포로 2천여 명을 동원한 것에 대해 스위스 공사관이 항의했다는 것에 대해 알고 있는가?

A 그런 일이 많았던 것으로 알지만, 개별 사례는 모른다.

Q 전쟁 포로를 석탄 생산에 동원한 게 합법이라 생각하는가?

A 군사적인 목적으로 동원한 것이라면 합법이라고 생각하지 않는다.

— 미국 정보당국의 일본 외무성 차관 '마쓰모토 슌이치' 심문 내용 중

슌이치 차관은 훗날 전쟁 범죄의 책임을 따지는 전범 재판에도 참석했다. 취재팀은 미국 국립문서기록관리청에서 공개한 전범

취재팀은 전범 재판정에 선 일본 외무성 차관 '마스모토 슌이치'의 영상을 발견했다.

재판 동영상 자료들 틈에서 재판받는 슌이치 차관의 모습을 발견할 수 있었다.

이 심문 보고서를 통해 당시 일본 정부가 전쟁 포로 동원에 대해 갖고 있던 생각을 조금이나마 알 수 있었다. 조선인 노동자를 강제동원했다는 내용을 직접 언급하진 않았지만, 포로를 전쟁 물자 생산에 동원하는 것에 위법 소지가 있다는 사실을 인지하고 있었음을 알 수 있다.

CIA가 공개한 자료 중 취재팀이 확인한 건 극히 일부분에 불과하다. 주어진 시간과 인력이 제한적인 상황에서, 당시 취재 방향에 맞춰 미쓰비시가 언급된 보고서 중 일부를 확인했을 뿐이다. 수많은 문건을 취재팀의 역량으로 해석하고 의미 부여를 할 수 있는 것들 위주로 추리는 건 매우 길고도 지난한 과정이었다. 때문에 문건을 살펴보는 내내 전문가들이 나서서 정교하게 분석했다면 더 의미 있는 결과를 낼 수 있지 않았을까 하는 아쉬움이 남을 수밖에 없었다.

김민철 경희대 후마니타스칼리지 교수는 취재팀이 분석한 자료에 대해 "너무나 방대하기 때문에 평생을 해도 다 파악 못할 것"이라며 "조직적으로 연구팀을 구성해 최소한 색인이라도 만들어야 한다"고 지적했다.

'혐한' 주한대사가 미쓰비시의 고문?

《한국인으로 태어나지 않아 다행이다》. 지난 2017년 출간된 이 책의 저자는 무토 마사토시 전 주한 일본대사다. 대표적인 혐한 인사로 알려진 무토 전 대사는 지난 2010년에서 2012년까지 우리나라에서 일본 대사를 지냈다. 혐한 인사가 한국과 일본의 외교를 위해 왔다는 건 아이러니였다. 취재팀은《한국인으로 태어나지 않아 다행이다》를 직접 사서 읽어봤다. 책에는 "한국인은 머리가 아니라 가슴으로 생각한다" 등의 표현과 함께 한국인을 비하하는 내용들이 담겨 있었다.

무토 전 대사는 임기를 마치고 일본으로 돌아간 직후인 2013년, 미쓰비시중공업 고문으로 활동하기 시작했다. 그리고 강제동원 피해자들이 낸 배상 소송을 우리 정부가 고의로 지연시킨 이른바 '강제동원 재판개입 사건'에 다시 등장한다. 그는 미쓰비시중공업 고문 자격으로 윤병세 당시 외교부 장관을 만나 미쓰비시중공업에 유리한 판결을 얻기 위한 로비를 시도했다. 이렇게 미쓰비시중공업은 한국의 정관계 인사들을 잘 알았던 무토 전 대사를 로비의 창구로 활용했다.

이것이 미쓰비시가 폭발적으로 성장할 수 있었던 또 하나의 비밀이었다. 무토 전 대사의 사례처럼 미쓰비시는 일본 유력 정치인들과 고위 관료들을 끊임없이 영입하며 정부와 우호적인 관계를 형성했다.

정혜경 일제강제동원·평화연구회 대표연구위원은 "미쓰비시는 일본 정부와 상당히 기업 친화적인 상태에서 기업을 운영했던 오랜 역사가 있다"고 설명했다. 실제로 일본 고위 관료들이 미쓰비시에 들어올수록 일본 사회에서 미쓰비시가 갖는 영향력은 더 커졌다. 이들은 지금도 미쓰비시의 '로비 수단'이 돼 기업 이익에 앞장서고 있다. 일부는 우리나라 사법 질서에까지 영향을 미쳤으며, 일본 정부의 역사 왜곡 주장이 퍼져 나가는 창구 역할도 하고 있다.

무토 전 대사의 사례를 확인한 취재팀은 이외에도 얼마나 많은 일본 고위 관료들이 미쓰비시에서 활동하고 있는지 궁금했다. 그래서 미쓰비시중공업과 전기, 상사, 머티리얼 등을 포함한 미쓰비시 계열사의 임원 명단을 전수 조사했다. 각 회사 홈페이지나 일본 전자공시시스템 등에 공개된 자료들을 모두 모았다.

취재팀은 15년 치 자료를 샅샅이 살펴보며 임원들의 이름을 확인했다. 일본어로 작성된 서류들을 부여잡고 며칠 내내 번역과 검색을 반복하며 끙끙댄 끝에 꽤 많은 이들을 찾아낼 수 있었다.

먼저 주미 일본대사였던 가토 료조는 대사직에서 물러난 직후 2008년부터 2017년까지 미쓰비시상사 고문과 이사에 이름을 올렸다. 그는 대사 시절인 2007년, 미 하원에서 일본 정부의 공식 사과를 촉구하는 '위안부 결의안'을 추진하려고 하자 이를 노골적으로 막으려 했던 인물이다. 그는 하원의원들에게 "위안부 결의안이 통과되면 양국의 우호적인 관계에 악영향을 미칠 것"이라거나 "미국의 이라크 정책을 지지해 온 일본의 입장을 재고할 수 있다"는 협박성 편지를 보내기도 했다.

고이즈미 준이치로 전 일본 총리 보좌관 출신인 오카모토 유키오. 그는 무려 18년 동안 미쓰비시머티리얼 이사로 재직했다. 지난 2015년 미쓰비시머티리얼은 미국인 피해자들과 만난 자리에서 과거 일본이 포로를 강제동원한 사실을 공식 사과했다. 하지만 한국인 강제동원에 대해선 "법적으로 일본 국민이었기 때문에 국가 총동원법에 따른 것"이란 논리로 선을 그었다. 일부 일본 언론과의 인터뷰에선 "한국이 주장하는 성노예는 존재하지 않았다"는 억지 주장을 펴기도 했다.

미쓰비시머티리얼은 제2차 세계대전 당시 강제동원 피해를 본 다른 나라엔 사뭇 다른 태도를 보여 왔다. 일본 나가사키엔 미쓰비시머티리얼이 낸 비용으로 중국인 강제동원 피해자를 기리기 위해 세운 비석이 있다. 군함도에 강제 연행된 중국인 피해자와 유족을 위해 세운 추모비다. 당시 미쓰비시머티리얼은 '반성과 사죄의 뜻'을 밝힌다고 했다. 그러나 이 추모비에는 조선인에 대한 언급은 없다. 조선인 노동자도 중국인 노동자들과 마찬가지로 군함도에 끌려와 가혹한 강제노역에 시달렸지만 이들을 향한 미쓰비시머티리얼의 사과나 위로의 말은 지금까지 단 한마디도 없었다.

미쓰비시 출신의 또 다른 정치인, 마츠모토 타카시. 그는 일본의 전 내각부 사무차관이다. 2015년에서 2016년까지 미쓰비시머티리얼 이사로 재직했다. 2019년 마이니치신문 기고문에서 "미쓰비시머티리얼 주주총회에서 어떤 사람이 '제 아버지께서 탄광에서 징용공들과 함께 일했는데, 그들은 탄광에서 일한 걸 자랑스럽게 생각했다'고 말하던데 그런 사실을 한국인들은 모르는 게 아닐지 싶다"는 망언을 했다.

이 밖의 인물로는 미쓰비시중공업이 고문으로 영입한 이마이 다카야 전 비서관이 있다. 아베 신조 전 일본 총리의 측근이자, 일본이 한국에 보복성 수출 규제를 할 때 주도적 역할을 했던 것으로 알려진 인물이다.

아베 전 총리의 가문은 대대로 유력 정치인을 배출해 왔다. 그의 집안은 오래전부터 미쓰비시와 밀접하게 연결돼 있었다. 아베 전 총리의 형 아베 히로노부는 미쓰비시상사에 입사한 뒤 계열사인 미쓰비시상사 패키징의 대표를 맡았다. 또 그의 아들인 아베 히로토도 2017년 미쓰비시상사에 입사한 것으로 알려졌다.

이처럼 미쓰비시는 자사 임원들을 정계에 입문시키거나, 기성 정치인을 영입함으로써 국제사회에서 역사 왜곡을 주도하고, 동시에 일본 내에서도 막강한 '로비력'을 행사해 왔다. 이 때문에 미쓰비시가 강제동원 문제를 꾸준히 외면해 온 일본 정부 입장을 그대로 따를 수밖에 없는 구조가 되었다는 분석도 있다. 도시환 동북아역사재단 책임연구위원은 "궁극적으로 역사 왜곡 프레임으로 일본 기업들의 강제동원 문제 해결을 막고 있는 건 일본 정부"라고 설명했다.

"군함도 삶의 수준 높아"
일본 교과서 속 심각한 역사 왜곡

"일본은 전쟁이 끝난 다음 침략의 역사를 봉인하고, 망각하고, 미

위하고, 왜곡하는 4단계 역사 인식을 고착시켰다."

취재팀이 만난 한 역사학자의 분석이다. 일본의 이 '4단계 역사 인식'은 그들의 역사 교육에도 반영돼 있다. 감추고 싶은 과거를 미래 세대에게 전달하지 않은 채 삭제하고, 때로는 미화하거나 왜곡하는 방식이다.

취재팀이 한참 미쓰비시를 취재하던 2021년 3월, 일본에선 고등학교 역사 교과서 36종이 문부성 심의를 통과했다. 일부는 강제동원을 아예 언급하지 않았고, 위안부 문제에 대한 부분도 삭제했다. 독도 문제도 마찬가지였다. 모든 교과서에 '다케시마'로 표기했다. 특히 이 중 절반에 해당하는 18종엔 '독도가 일본의 영토'라거나 '한국이 불법 점거하고 있다' 등의 억지 주장도 담겼다. 이 같은 일본 교과서의 역사 왜곡은 갈수록 심해지고 있다.

같은 시기, 일본 극우 세력의 모임인 '새로운 역사교과서를 만드는 모임'(이하 새역모)의 구성원이 세운 출판사 지유샤에서 출간한 중학교 역사 교과서도 일본 문부성의 검정을 통과했다. 취재팀은 전문가의 도움을 받아 해당 역사 교과서를 살펴봤다.

하시마(군함도) 관련

일본 최초의 7층 건물 철근 콘크리트를 사용한 고층 주택도 있었다. 섬에는 유치원이나 학교, 상점, 우체국 등이 갖추어져 있었다. 영화관 등의 엔터테인먼트 시설이나 미용실 등도 있어 매우 번성했다. 오랫동안 하시마(일명 군함도)에서 생활해 온 사람에 따르면 그곳에 사는 사람들의 생활 수준은 본토보다 높았고, 탄광에서 활동하는 사람들과 그 가족은 서로 도우면서 온정을 나누고 살았다.

독도 관련

다케시마는 에도 시대부터 어장이었다. (중략) 1905년 일본 정부는 다케시마를 일본의 영토로 편입했다. (중략) 한국이 일방적으로 자국 영토로 주장하며 경비대를 설치하고, 1965년 한일기본조약이 체결된 이후에도 한국에 의해 불법 점거가 계속되고 있다.

군함도라는 이름으로 많이 알려진 일본의 하시마섬은 조선인 강제노동의 상징과도 같은 곳이다. 1939년부터 일본이 패전한 1945년까지 하시마에만 조선인 약 1000명 이상이 동원돼 강제노동에 시달린 것으로 추정된다. '지옥의 섬'으로 불릴 정도로 생활은 열악했고, 위험한 탄광에서 맨몸으로 작업하던 조선인 다수가 사고로 숨졌다.

하지만 일본 교과서엔 '생활 수준이 본토보다 높았다'는 거짓 내용이 담겼다. 하시마섬과 함께 미쓰비시 나가사키 조선소도 일본 근대화의 자랑스러운 산물로 묘사돼 있었다. 강제동원에 대한 언급은 찾아볼 수 없었다.

1592년 일본이 조선을 침략한 '임진왜란'은 '조선출병'으로 둔갑했다. 침략에 대한 개념은 쏙 빼고 일본의 국력이 확장해 나가는 과정으로 왜곡했다. 위안부에 관한 내용도 전혀 없었다. 모든 불리한 역사를 지우거나 왜곡한 셈이다.

이신철 아시아평화와역사연구소 소장은 "일본은 전쟁 당시 오히려 자신들이 피해자라고 부각하고 있다"며 "역사에 대한 반성보다는 식민지 행위를 미화하고 나아가 일본이 국제사회에서 강력한 영향력을 행사해야 한다는 주장을 펼치고 있다"고 말했다.

이 같은 일본의 이른바 '전범국 신분 세탁'은 자국민 교육에서 그치지 않는다. 이 소장은 일본이 "자신들에게 입혀진 '전범국'이란 인식을 개선하기 위해 전 세계적으로 어마어마한 돈과 시간을 투자해오고 있다"고 비판했다.

역사 왜곡 교과서 뒤 미쓰비시의 물밑 지원

지유샤의 교과서가 일본 교과서 시장에서 차지하고 있는 점유율은 매우 미미하다. 그런데도 지유샤 교과서가 사장되지 않고, 나아가 정식 교과서로 정부 승인까지 받게 된 이면엔 우익 정·재계 인사들의 꾸준한 물밑 지원이 있었다.

지난 2005년 '새역모'는 후원자 명단을 공개했다. 수많은 대기업 회장을 비롯해 정치인과 언론인들의 이름이 포함돼 당시 일본에서도 큰 파장을 낳았다. 여기엔 미쓰비시 임원도 이름을 올렸다. 아이가와 겐타로 당시 미쓰비시중공업 회장과 노보루 마키노 미쓰비시종합연구소 고문, 오카모토 카즈야 도쿄 미쓰비시은행 전무 등 3명이다. 명단에 포함된 사람들은 대부분 후원 사실을 부인했다. 일본 현지에서도 우익단체를 후원했다는 사실이 알려지면 사업에 미칠 영향이 크기 때문일 것이다. 논란이 되자 이 명단은 삭제됐다. 취재팀은 '새역모'에 해당 명단이 사실인지 직접 물었다.

새역모 관계자와 JTBC 취재기자 통화 내용

기자 2005년 공개한 리스트에 아이가와 겐타로 당시 미쓰비시중공업 회장을 비롯해 노보루 마키노 미쓰비시종합연구소 고문, 그리고 도쿄 미쓰비시은행 오카모토 카즈야 전무 등이 있는데, 그분들이 후원하신 게 틀림없는지 확인하고 싶어서 전화했습니다.

관계자 당시의 기록들은 지금 남아 있지 않네요. 모릅니다.

기자 2005년에…

관계자 끊어도 될까요? 모릅니다, 당시의 일은.

기자 지금 그 후원자가…

관계자 그분들 자체도 지금 저희랑 관련도 없고, 2005년의 자료는 남아 있지 않기 때문에, 모릅니다.

'새역모'는 오래된 자료란 이유로 확인할 수 없다고 했다. 이번엔 미쓰비시중공업에 사실 여부를 확인했다.

미쓰비시중공업 관계자와 JTBC 취재기자 통화 내용

기자 (아이가와 겐타로 전 회장의 후원 기록 등으로 봤을 때) 미쓰비시가 '새로운 역사교과서를 만드는 모임'이란 단체를 공식적으로 후원하고 있는 것인지 궁금합니다.

관계자 죄송하지만, 기본적으로 저희는 미쓰비시중공업이라서, 아이가와 겐타로 회장의 내용은 알지 못합니다. 아이가와에 대해서도 회사 차원이 아니라 개인적으로…

기자 개인적으로요?

관계자 회사 차원으로 후원한 건 아닙니다.

기자 후원하신 이유가 있을까요?

관계자 회사로선 알지 못하지만, 회사의 대표로서 후원한 건 아닙니다. 개인적인 어떤 이유가 있는 게 아닐까 생각합니다.

미쓰비시중공업 관계자는 회사가 개입한 건 아니라고 선을 그었다. 하지만 당시 회장이었던 아이가와 겐타로의 후원 사실 자체는 인정한 셈이었다. 이신철 소장은 "우익 정치 세력들과 기업들, 그리고 방송사, 신문사 등이 노골적으로 결합돼 있다"며 "하나의 카르텔"이라고 분석했다. 실제 이들의 물밑 지원으로 '새역모'의 역사 왜곡 교과서는 결국 일선 학교 현장으로 파고들 수 있었다.

"내 소원은 딱 하나, 사죄 한마디 듣는 것"

2022년 기준 강제동원 피해 생존자들은 대부분 아흔을 넘겼다. 미쓰비시와 일본 정부를 상대로 소송을 내고, 긴 재판에 직접 참여해 온 사람도 있지만, 그 시절 강제 노동의 기억을 그저 아픈 경험 중 하나로 가슴에 묻고 살아가는 사람도 많다. 현재를 살아가는 방식은 각자 다르지만, 이들이 원하는 건 다르지 않다. 바로 일본과 미쓰비시의 진심 어린 사과다.

취재팀은 피해자 중 세 명을 직접 만났다. 모두 미쓰비시가 운영했던 항공기 제작소와 탄광에서 일했던 피해자들이다. 강제동원 당시 이들의 나이는 모두 10대. 지금으로 치면 초등학교 5~6학년에 불과했다.

양금덕 할머니

Q 나고야에 어떻게 가시게 된 건지 궁금합니다.

A 나는 1학년 때부터 6학년 때까지 반장을 했어. 당시 교장이 일본인이었는데 나에게 "너는 공부를 잘하니까, 네가 아니라면 누가 나고야에 가겠냐"라고 말했지. 나는 일본에 뭐 하러 가냐, 이유도 없이 뭐 하러 가냐, 이렇게 따졌어. 그러니까 "나고야 미쓰비시에 가면 중학교를 보내 준다. 돈도 많이 벌 수 있으니 논도 사고, 밭도 살 수 있다"고 하더라고. 당시에 내 꿈은 선생님이 되는 거였어.

그래서 집에 와서 아버지한테 일본 사람이 중학교를 보내 준다고 하니 가겠다고 말했지. 아버지는 "일본인이 한국 사람이 무엇이 예쁘다고 중학교를 보내 주겠니? 낭설이니 가지 마라"고 그랬지. 나는 아버지는 모르는 소리만 한다고 떼를 썼어. 끝까지 일본에 가겠다고 고집을 피워서 결국엔 가게 된 거야.

Q 당시에 얼마나 많은 사람이 함께 갔나요?

A 나는 나주 출신인데, 그때 목포, 나주, 광주, 순천, 여수 5개 도시에서 138명이 함께 갔어. 지금도 그 숫자를 잊어버릴 수가 없지. 여수에 모여서 배를 타고, 시모노세키에서 내렸지. 거기서 또 기차를 타고 가니 나고야 미쓰비시 숙소였어. 거기서 일주일은 경치 좋은 데 구경도 시켜주고 하더라고. 그래서 우린 참 잘 왔다, 운이 좋다고 생각했어.

양금덕 할머니(1944년 나고야 미쓰비시 항공기 제작소 강제동원)

Q 언제부터 강제 노동이 시작된 건가요?

A 구경을 마치고 바로 4열로 줄을 세워서 어딘가로 데려갔어. 말 한마디를 못 하게 했지, 그때부터는. 일본 남자들이 양쪽에 따라다니면서 계속 말을 못 하게 했어. 아침에 숙소에서 공장까지 30분을 걸어가야 했는데, 거기서 아침저녁으로 일을 했지. 나는 페인트를 칠하는 일을 했는데, 키가 작은데 커다란 비행기에 색을 칠하려니 얼마나 힘이 들던지. 팔이 아파서 울었던 적도 많아. 그때 후유증으로 지금도 어깨를 잘 못 써.

Q 그때는 일본도 전쟁 중이었는데, 비행기 공습 같은 일도 있었나요?

A 공습이 너무 잦아서 밤에 잠을 못 잤어. 자다가도 비행기 소리가 나면 방공호에 들어가고 그랬어. 우리가 다 같이 거기에 숨어 있으면 일본인 반장이

나타나서 다들 어디로 갔냐고 찾아다녔어. 정말 무서웠지. 그때 부모님 생각이 많이 났어. 우리 아버지가 절대 못 가게 했었거든. 가면 죽는다고. 아버지 말을 곧이곧대로 듣지 않고, 중학교 보내 준다는 말만 듣고 간 게 후회됐어. 막상 가보니 중학교는 발도 못 딛고, 일만 죽어라 하고 왔던 거지.

Q 식사는 제대로 하실 수 있었나요?

A 배가 고픈 게 제일 힘들었어. 밥을 주기는 줬는데 3번 떠먹으면 다 없어질 정도로 양이 적었어. 그때 공장엔 일본 사람들도 있었는데, 그 사람들은 집에서 밥을 먹고 오거든. 그러니 공장에서 주는 밥을 먹다가 쓰레기통에 버려. 그럼 우린 그걸 주워서 먹었어. 일본인들은 우리가 그걸 먹는 걸 보면 쫓아와서 내놓으라고 해. 우리가 그조차도 먹지 못하게 발로 지근지근 밟아버렸지.

Q 월급은 받으셨나요?

A 우릴 데려갈 때는 한 달에 30만 엔을 준다고 했어. 그런데 1원짜리 하나도 받질 못했지.

Q 도망치고 싶으셨던 적은 없었나요?

A 도망치려고 몇 번을 해도 돈이 있나 길을 아나. 도망갈 수가 없지 도저히. 당시 같이 끌려갔던 친구랑 했던 얘기가 있어. 근처 시골로 도망가자. 밥만 조금 달라고 해서 밥 얻어먹고 오자. 그만큼 배가 고팠던 거야. 그래서 몇 번은 공장 근처 시골집에 가서 물도 얻어 마시고, 마당에 떨어진 감도 주워 먹었

어. 그런데 그 집주인이 우리가 나고야 공장에서 온 걸 알고 회사에 전화한 거야. 그 이후론 그나마도 나갈 수가 없었지. 집에 영영 돌아가지 못하게 우리를 죽여버릴까 봐 겁이 나서.

Q 일본과 미쓰비시에 바라는 점이 있다면, 또 하고 싶은 말이 있다면요?

A 우리는 나이가 아흔 살이 넘었어. 웬만한 사람 거의 다 죽었지. 내가 지금까지 안 죽고 살아 있는 건, 속이 상해서야. 나는 지금도 일본 물건은 절대 쓰고 싶지 않아. 지금 미쓰비시 사람이 여기 있다고 하면, 월급을 준다고 일을 시켜 먹고서 왜 아직도 안 주냐. 그렇게 물어보고 싶어. 그렇지만 내가 가장 원하는 건 사죄 한마디 듣는 거지. 그거 한마디면, 나는 돈 안 받아도 좋아. 사죄 한마디 듣는 게 내 소원이지. 잘못했으면 잘못했다, 이렇게 사죄 한마디가 왜 이렇게 어려울까 싶어.

정신영 할머니

Q 나고야엔 어떻게 가게 되신 건가요?

A 우리는 일제강점기에 밥을 잘 못 먹었어. 배가 고파도 밥을 먹을 수가 없었어. 그리고 우리 집 사정이 좋지 않았어. 아버지는 일찌감치 돌아가셨고. 그때 미쓰비시에서 일본인이 찾아왔지. 사진을 몇 장 보여줬는데, 따뜻한 목욕물로 매일 목욕하는 사진, 저녁엔 편안하게 잠을 자는 사진, 또 밥을 배부르

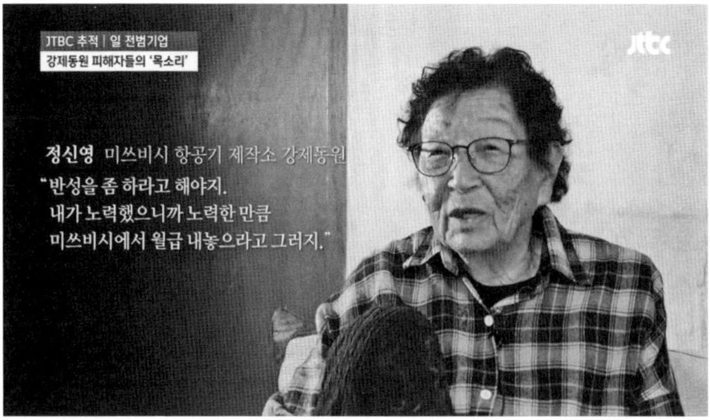

정신영 할머니(1944년 나고야 미쓰비시 항공기 제작소 강제동원)

게 먹고 놀러 가는 사진들. 그런 걸 보여주면서 나고야에 가면 이렇게 살 수 있다고 했지. 나는 그때 중학교에 갈 돈이 없었으니까, 나고야에 가서라도 학교를 가야겠다고 생각한 거야. 또 그때는 조선말이라고 하면 학교에서 아예 보지도 못하게 했지. 조선말을 하면 벌도 섰어.

Q 나고야에서 있었던 일 중에 가장 기억에 남는 일이 어떤 건가요?

A 지진이 났었어. 그때 소대별로 돌아가면서 비행기 공장에서 일했는데 책상이 막 흔들흔들했었어. 미국에서 비행기가 나타나서 그런 거라는 말도 있었고, 폭탄이 터져서 그런 거라고 말하는 사람들도 있고. 아무튼, 우리는 방공호에 다들 숨었는데 공장이 무너지면서 죽은 사람도 많았어. 내가 알던 사람도 일곱인가 죽었지. 그때 참 무서웠어. 집에 보내 달라면서 많이 울었던

기억이 나.

Q 월급은 받으셨나요?

A 월급이라고 얼마나 줬는지 기억도 안 나. 몇 푼 되지도 않았어. 받은 돈을 갖고 나가서 먹고 싶은 것 조금 사 먹으면 남는 돈도 없었지. 엽전 몇 개나 받았었나 몰라.

Q 일본에서 돌아오신 후 어떻게 지내셨어요?

A 돌아오고 나서도 형편이 정말 좋지 않았지. 해방 이후로도 생활이 정말 어려웠어. 그리고 나는 일본에 다녀왔다는 사실이 알려지는 게 싫어서 그때 나고야에서 가져온 사진도 다 태워버렸지. 친구들이랑 찍은 사진도 없애버렸고. 일본에 다녀왔다는 말을 듣기가 싫어서 그랬어.

Q 일본 사람들에게 하고 싶은 말 있으세요?

A 내가 나고야에서 노력을 많이 했으니까 그만큼 미쓰비시가 월급을 내놓아야 한다고 하고 싶지. 또 반성을 좀 하라고 하고 싶어. 당신들 때문에 몸이 아픈데 어떻게 사느냐고. 우리는 살날이 얼마 안 남았으니 얼른 반성하라고 말하고 싶어. 우린 다 늙어버려서 내일이라도, 모레라도 언제 죽을지 모르거든.

박신규 할아버지

Q 어떻게 일본에 가게 되셨나요?

A 경찰하고 면사무소에서 일본 사람이 둘 정도 나왔어. 우리를 다 데리고 여수로 갔지. 일본 징용으로 간다고 했어. 우리는 어디로 가는지도 모르고 억지로 간 거야. 일본 사람들이 우리가 도망갈까 봐 지키고 있어서 안 간다고 말할 수도 없었어.

Q 탄광에선 어떤 일을 하셨어요?

A 석탄 캐는 일을 했지. 기숙사에서 한 방에 8명, 9명씩 함께 지냈어. 우리는 탄광으로 들어가 곡괭이로 땅 파는 일을 했는데, 기차를 타고 20분이나 땅속으로 내려갔어. 가끔 정전되면 걸어서 올라가야 했는데 그러면 40분이 걸렸지. 우리는 3교대로 일했는데, 나는 한 달 정도 일하고 나니까 근력이 떨어져서 너무 힘들었어. 또 나는 어릴 때부터 농사만 지었거든. 난생처음 해 보는 일이라 제대로 할 수가 없었지.

Q 식사는 어떻게 제공이 됐나요?

A 간식 겸 주먹밥을 줬어. 식당에서도 밥을 줬는데 그게 배가 안 찼어. 양이 적어서. 그래서 간식으로 준 주먹밥을 항상 한꺼번에 먹어버렸던 것 같아. 배가 늘 고픈데 밥을 더 달라고 할 수도 없었어. 서너 달 지나니 그나마 주던 밥의 양도 줄어들더라고. 반찬으론 단무지만 줬어.

박신규 할아버지(1944년 미쓰비시 사키토 탄광 강제동원)

Q 탄광에서 일하시는 동안 사고는 없었나요?

A 탄광이 무너져서 죽는 사람이 많았지. 일하다가 석탄 싣는 열차에 송장을 실어서 나가는 모습도 몇 번 봤어. 석탄을 파다 보면 굴이 많이 무너지거든. 그러면 그 안에 있는 사람들은 그냥 죽는 거지.

Q 일본에서 돌아오시고 난 뒤엔 어떻게 사셨어요?

A 해방되고 나서 조그마한 배를 타고 부산에 내렸다가 고향으로 돌아왔어. 그때 내 나이가 19살이었지. 그런데 나는 일본에서 일하다 병을 얻었어. 각기병이라고 하는데, 발등이 잔뜩 부어서 걷지를 못했지. 그래서 같이 갔던 사람들이 나를 업어서 데리고 왔어. 이때 얻은 병 때문에 한참을 고생했지.

취재팀이 만난 피해자들은 모두 아흔이 넘은 나이였다. 세월이 흐르며 감각도, 기억도 흐릿해져 갈 수밖에 없는 나이. 하지만 이들은 이것저것 묻는 질문에 최선을 다해 기억을 더듬었다. 이들이 풀어 놓은 수십 년 전 이야기엔 아직도 군데군데 그 시절 일본어의 흔적이 묻어 있었다. 이 때문에 취재팀은 내내 바짝 긴장한 상태로 이야기에 귀를 기울여야 했다.

세 사람 중 가장 선명한 기억을 갖고 있던 양 할머니의 시계는 여전히 과거에 머물러 있는 것 같았다. 이야기를 이어가며 감정이 북받쳐 오를 때마다 눈물을 보였다. 반면 정 할머니는 양 할머니만큼 선명한 기억을 갖고 있지는 않았다. "미쓰비시 생각하면 화나지 않으세요?"라고 물어도 "아이, 오래전 일이라 잘 몰라"라며 수줍은 웃음을 보이기도 했다. 하지만 정 할머니 역시 공습의 공포 때문에 방공호에 숨어든 이야기를 할 때만큼은 누구보다 생동감 있는 증언을 했다.

취재팀이 만난 세 명 중 가장 나이가 많은 박 할아버지는 가장 말이 느렸다. 가까이 앉아 대화를 나누는데도 방 안이 쩌렁쩌렁 울릴 정도로 소리를 질러가며 질문을 던져야 할 정도로 귀도 어두웠다. 지팡이가 없으면 혼자 움직이기도 쉽지 않은 건강 상태였지만, 증언을 듣겠다고 찾아온 취재팀을 위해 30분 넘게 마당에 앉아 이야기를 더듬더듬 이어 나갔다.

각자 기억은 달랐지만, 모두 처음 만난 낯선 취재팀을 누구보다 반갑게 손자, 손녀처럼 맞아 줬다는 점에선 서로 다르지 않았다. 정 할머니는 취재팀을 집 안으로 들이며 반듯하게 깎아 가지런히 정리한 과일을 내주었다. 인터뷰를 마치고 집 밖으로 나선 기자를 안아주며 "고맙다"는 뜻을 전하기도 했다. 박 할아버지 부부 역시 더운데 쉬엄쉬엄하라며 시원한 물과 과자를 내줬다. "출출할 때 드시라"고 취재팀이 사간 빵을 내놓자 "뭐 하러 이런 것을 사왔냐"던 양 할머니는 마당을 나온 취재팀이 탄 택시가 멀어질 때까지 집 안으로 들어가지 않았다. 현재 생존해 있는 모든 피해자가 오래오래 건강하셨으면 좋겠다는 생각이 들었다.

일본 미쓰비시와의 소송,
어떻게 진행되고 있을까?

강제동원 피해자들이 미쓰비시중공업 등 전범 기업을 상대로 소송을 해 오고 있다는 사실은 언론 보도를 통해 잘 알려져 있다.

피해자들은 한국과 일본 양국 법원에 미쓰비시중공업이 피해자들에게 강제 노동에 따른 배상금을 지급해야 한다는 취지로 소송을 냈다. 일본 1심 법원에선 미쓰비시 측이 우리 노동자들에게 일부 배상금을 지급해야 한다고 판결했다. 그러나 2심과 3심에서 해당 판결이 뒤집히며 최종적으론 일본 법원의 판결을 통해선 배상금을 받기 어려워졌다.

우리 법원은 일본과 다른 판결을 했다. 양금덕 할머니 등이 낸 소송에서 대법원이 최종적으로 강제동원 피해자들의 손을 들어준 것이다. 지난 2018년 대법원은 일본 미쓰비시중공업 본사가 피해자 1인당 최대 1억5000만 원을 배상해야 한다는 확정 판결을 내렸다. 하지만 미쓰비시중공업은 별다른 이유 없이 이 판결을 이행하지 않고 있다.

피해자들은 배상금을 받기 위해 미쓰비시중공업을 상대로 재산권과 상표권에 대한 압류 소송을 추가로 제기했다. 미쓰비시중공업이 국내에서 갖는 재산권을 매각해 발생하는 금액을 배상금으로 받기 위해서다. 법원은 피해자들의 소송을 받아들여 압류 결정을 내렸지만, 실질적인 배상이 언제 이뤄질 수 있을지 쉽게 예측하기 어렵다. 국내에서 미쓰비시중공업이 갖는 재산권과 상표권 자체가 사실상 가치가 없는 것이나 다름없기 때문이다. 피해자 대리인단이 재산권과 상표권을 대상으로 경매 등 매각 절차를 밟아 현금화하기 어려운 이유다.

미쓰비시중공업 국내 채권 압류 결정과 법인 쪼개기 전략

취재팀의 미쓰비시중공업 국내 현금성 자산 첫 발견

앞서 취재팀의 미쓰비시그룹 추적 과정을 소개했다. 당시 취재팀은 국내 주요 대기업 수백 곳의 사업보고서도 함께 분석했다. 미쓰비시중공업과 직접 거래한 기업을 찾기 위해서였다. 국내 기업과 미쓰비시중공업이 거래한다는 사실은 큰 의미를 갖는다. 두 기업이 물품을 서로 사거나 팔았으며, 돈을 주고받아야 한다는 의미기 때문이다. 즉 미쓰비시중공업의 국내 자산을 찾을 수도 있다는 뜻이다. 실제 취재팀은 국내 대기업 중 하나인 LS그룹 계열사가 미쓰비시중공업과 직접 거래한다는 사실을 처음으로 발견했다.

LS엠트론은 주로 농기계나 트랙터 등의 중장비를 생산하는 일을 한다. 이들의 주요 매입처가 '미쓰비시중공업 외 다수'로 적혀 있었다. 품목은 주로 트랙터 자재로 쓰이는 엔진이었다. 내용을 확인하기 위해 LS엠트론에서 발간한 제품 카탈로그를 확인했다. 농사에 쓰이는 다목적 소형 트랙터 엔진에 대한 정보가 적혀 있었는데 모델명이 'MHI'였다. 'MHI'는 미쓰비시중공업에서 생산하는 제품에 공통으로 붙는 이름이다.

LS엠트론 측에 어느 정도 거래가 이뤄지는지 확인을 요청했

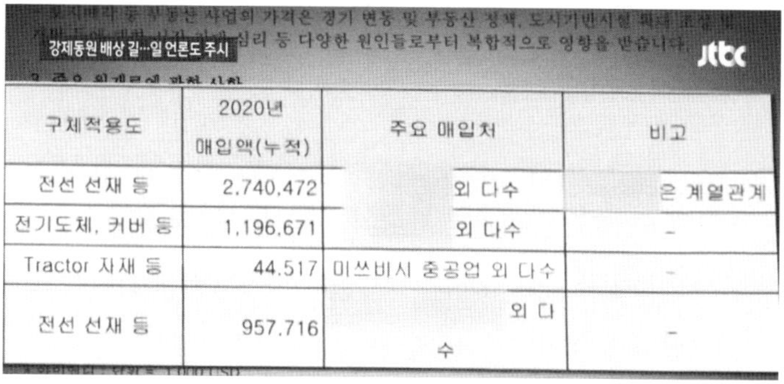

구체적용도	2020년 매입액(누적)	주요 매입처	비고
전선 선재 등	2,740,472	외 다수	은 계열관계
전기도체, 커버 등	1,196,671	외 다수	-
Tractor 자재 등	44,517	미쓰비시 중공업 외 다수	-
전선 선재 등	957,716	외 다수	-

LS그룹 계열사의 사업보고서엔 미쓰비시중공업 제품을 구매해 왔다는 내용이 적혀 있었다.

다. LS엠트론 관계자는 "1년에 60억 원 정도 거래하고 있는데, 이는 전체 거래의 1.2%에 불과하며, 그마저도 규모를 점차 줄여가는 추세"라고 설명했다.

취재팀은 LS엠트론 측에 미쓰비시중공업으로부터 제품을 사게 된 배경에 대해서도 물었다. 1980년대, 농기구 생산 기술이 부족하던 시절 국내 농기구 업체가 미쓰비시중공업 등 일본의 주요 기업과 기술 제휴를 맺었고, 그 이후 자체적으로 국내 기술이 개발되면서 상당 부분 거래를 줄여 왔다고 했다.

앞서 다룬 것처럼 여러 국내 기업들이 미쓰비시 계열사와 거래해왔다. 다만 법적 판결에 따라 배상 책임이 있는 주체는 일본 미쓰비시중공업이기에, 그동안 우리 피해자들은 배상금을 받는 데 어려움을 겪고 있었다. 이 때문에 취재팀의 첫 발견이 의미 있는 건 미쓰비시 계열사가 아닌 미쓰비시중공업으로 보내지는 돈(미쓰비시중공업이 LS엠트론으로부터 받아야 할 판매대금)을 처음으로 잡아냈다는 사실이었다.

미쓰비시중공업 국내 채권에 대한 법원의 압류 결정

취재팀 보도가 나간 이후, 강제동원 피해자들의 소송을 지원하는 변호인 측은 미쓰비시중공업을 상대로 추가 법적 대응에 나섰다. 요약하면 LS엠트론이 일본 미쓰비시중공업으로 보내야 할 돈을 압류해 강제동원 피해자들에게 줘야 한다는 것. 미쓰비시중공업 국내 채권이 처음 확인된 셈이니, 충분히 실현 가능성 있는 주장이었다.

피해자들로선 이미 압류 결정이 난 재산권이나 상표권과 달리 매각이나 경매 등 추가 절차를 밟지 않아도 곧장 현금으로 배상금을 받을 수 있는 셈이었다. 미쓰비시중공업의 이행 거부로 한없이 미뤄지고 있었던 실질적인 배상금 지급 절차가 급진전 될 기회였다.

취재팀은 내부 논의를 거친 뒤 강제동원 피해자들이 압류 소송을 낼 수 있도록 관련 자료 일체를 제공했다. 이들은 취재팀이 건넨 구체적인 자료를 기반으로 법원에 압류 소송을 제기했다. 강제동원 피해자 측 법률대리인 임재성 변호사는 "피해자들이 판결에 따른 권리 구제를 보다 신속히 받을 수 있는 금전 채권이 확인된 건 이번이 처음"이라고 말했다.

얼마 지나지 않아 법원은 강제동원 피해자 측의 요구를 받아들였다. LS엠트론이 미쓰비시중공업에 지급해야 할 거래대금 약 8억5000만 원을 압류한다는 것이었다. 우리 강제동원 피해자들이 미쓰비시중공업으로부터 받아야 할 배상금을 웃도는 규모였다.

법원의 압류 결정에 따라 LS엠트론이 미쓰비시중공업에 돈을 보내면 위법이 되는 상황이 됐다. 덩달아 취재팀의 기대감도 커졌다. 피해자들의 숙원과도 같은 배상금 지급에 결정적인 역할을 했다는 생각에 뿌듯함이 밀려왔다.

법원의 압류 결정이 LS엠트론 측에 송달되는 걸 기다렸다가 입장을 물었다. "법원 결정을 따르겠다"는 답변이 돌아왔다. "대한민국 구성원으로서 법원의 판단을 존중한다"면서 "징용 피해자들의 아픔에 충분히 공감하고 있다"고 했다. 또 미쓰비시중공업 생산품을 다른 제품으로 대체하기 위한 계획을 수립해 진행 중이라고 덧붙였다. 이때만 해도 미처 몰랐다. 결과가 매우 허무할 것이란 사실을.

LS 측 "이름 잘못 적었다"…이면엔 법인 쪼개기 전략

후속 보도를 위한 최종 마무리 작업을 하고 있을 무렵, LS엠트론 측에서 뜻밖의 추가 입장을 전해왔다. 그동안 거래해온 상대가 미쓰비시중공업이 아니었다고 주장했다. 거래 상대를 미쓰비시중공업으로 착각했다고 했다. LS엠트론 관계자는 취재팀에게

"사업부를 통해 관련 내용을 뒤늦게 파악했다"면서 "보고서에 거래 상대의 이름을 제대로 인지하지 못해 잘못 적었다. 즉각 수정하겠다"고 말했다.

LS엠트론이 새롭게 알려 온 거래 상대의 이름은 '미쓰비시중공업'이 아닌 '미쓰비시중공업엔진시스템'이었다. 당시 관련 내용 보도까지 불과 3시간여 남은 상황이었다. 정확한 사실관계를 보도하려면 기사의 전면 수정이 불가피했다.

긴급회의를 열었다. 보도 계획을 모두 취소해야 한다는 의견부터, 다음날 후속 보도하자는 의견까지. 다양한 시나리오가 오갔다. 일단 급한 대로 기사 마지막에 LS엠트론이 추가로 전해온 입장을 짧게 추가하기로 했다. 거래 대상이 미쓰비시중공업이 아니었다는 그들의 주장을 해명으로 덧붙였다.

보도 이후 파장은 생각보다 더 컸다. 취재팀 보도로 법원이 미쓰비시중공업의 한국 내 자산에 대해 압류 결정을 내렸다는 사실이 처음 알려지자, 거의 모든 국내 언론은 물론 NHK 등 일본 현지 주요 언론까지 비중 있는 뉴스로 이 소식을 다뤘다.

일본 정부는 공개적으로 반발했다. "한국의 대법원 판결 관련 사법 절차는 명백한 국제법 위반"이란 기존 입장을 되풀이했다. 일본 현지에서 기자들 앞에 선 가토 가쓰노부 일본 관방장관은 "만일 (미쓰비시중공업 자산이) 현금화된다면 이는 한·일 관계에 심각한 상황을 초래한다"면서 "구조선 반도 출신 노동자(강제동원 노동자) 문제는 그간 한·일 간 교섭을 포함해 이미 해결된 사안"이라고 말했다. 외신 보도가 쏟아지기 시작했다.

예상보다 더 큰 파장에 취재팀도 당황했지만, 시간을 헛되이 보낼 수 없었다. LS엠트론의 거래 상대가 갑자기 바뀐 배경을 파악해, 후속 보도 준비에 힘을 쏟아야 했다. 추가 취재를 위해 취재팀에 주어진 시간은 하루가 채 되지 않았다. 신속하게 '미쓰비시중공업엔진시스템'이란 회사를 추적하기 시작했다. 감사보고서와 일본 공식 홈페이지 등 기업의 실체에 대해 알 수 있는 자료라면 닥치는 대로 내려받아 빠르게 분석했다.

애초 LS엠트론이 1980년대부터 거래해 온 상대는 미쓰비시중공업이 맞는 것으로 확인됐다. 그런데 2016년에 한 차례 '미쓰비시중공업엔진터보'로, 2018년에 또다시 '미쓰비시중공업엔진시스템'으로 거래 상대가 계속 바뀌었다는 사실이 확인됐다.

비슷하지만 조금 다른 이름을 지닌 세 기업의 관계를 추적했다. 각각의 법인 등기부 등본을 발급받아 확인할 수 있었다. '미쓰비시중공업엔진터보'는 '미쓰비시중공업'이 지분 100%를 보유한 회사였다. 또 '미쓰비시중공업엔진터보'는 '미쓰비시중공업엔진시스템' 지분을 100% 보유하고 있었다. 두 회사 대표 모두 미쓰비시중공업 출신이었고, 인사 발령 역시 미쓰비시중공업이 내고 있었다. 회사 이름은 조금씩 다르지만, 사실상 하나의 회사로 볼 여지가 큰 상황이었다.

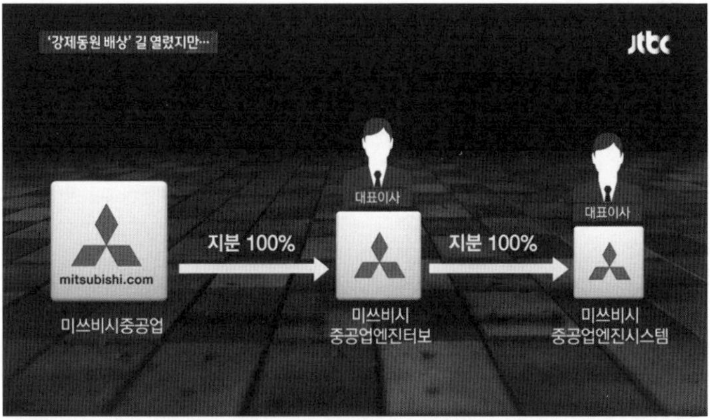

세 기업의 지분 구조를 살펴보면 실질적으로 하나의 기업이나 다름없었다. 미쓰비시중공업엔진시스템의 지분 100%는 미쓰비시중공업엔진터보가 보유하고 있었고, 또 이 회사의 지분 100%는 미쓰비시중공업이 갖고 있었다. 미쓰비시중공업엔진터보와 미쓰비시중공업엔진시스템의 대표는 모두 미쓰비시중공업 출신이기도 했다.

취재팀은 '미쓰비시중공업엔진시스템' 측에 전화를 걸어 해명을 요청했다. 그런데 모회사가 따로 있다면서 미쓰비시중공업으로 안내했다. 회사 관계자는 "모든 질문은 모회사 미쓰비시중공업에서 대응하도록 돼 있다"고 덧붙였다.

박상인 경실련 정책위원장(서울대 행정대학원 교수)은 "기업 지배구조 측면에서 보면 이들이 실질적으론 하나의 기업이나 다름없다"고 지적했다. "지분을 100% 보유하고 있다면, 별개의 기업이 아닌 사실상 하나의 회사 내에서 사업부서만 달리하고 있는 것과 같은 개념"이라고 설명했다.

결국 미쓰비시중공업 측의 이른바 '법인 쪼개기' 전략, 사실상 같은 회사에서 거래를 담당하면서도, 법인 이름만 바꾸는 꼼수가 확인된 순간이었다. 특히 이들이 LS엠트론과의 거래 상대를 연이어 바꾼 시점은 한·일 양국에서 강제동원 피해자들의 재판이 한창 진행되던 시기였다. 배상 책임을 의도적으로 피할 목적으로 법인을 쪼갠 건 아닐지 의심해 볼 수 있는 대목이었다.

LS엠트론 측 역시 이 같은 사실을 인정하는 취지의 의견을 밝혀왔다. "완전히 서로 다른 회사로 보진 않는다"면서도 "(미쓰비시중공업의) 법인 지분 관련 사실 확인을 거쳐 법원에 진술서를 낼 예정"이란 입장을 전했다.

결국 무산된 피해자 배상, 허무하지만 확실한 경고 메시지

그동안 진척이 없었던 강제동원 피해자들의 배상에 한 걸음 더 다가가게 된 건 분명한 사실이었지만, 최종적으로 피해자들은 이번에도 배상금을 받지 못하게 됐다. 피해자 측 변호인이 결국 소송을 포기했기 때문이다. 법원이 압류 결정을 내린 거래대금이 '미쓰비시중공업'이 아닌 '미쓰비시중공업엔진시스템'의 자산으로 볼 여지가 크다는 이유였다. 미쓰비시중공업과 LS엠트론 측의 "법적으론 다른 회사"란 주장을 궁극적으로 반박하기 위해선 오랜 법정 다툼을 벌여야만 했다. 허종선 변호사는 "사실상 하나의 회사라 하더라도 법인 자체가 다르다면 강제집행이 불가능하다"며 "강제집행은 오로지 미쓰비시중공업 소유 재산에만 가능하다"고 설명했다.

이미 언론 보도 등을 통해 잘 알려졌지만, 미쓰비시 측은 국내 거대 로펌을 동원한 초호화 변호인단을 구성해 적극적으로 대응해왔다. 피해자 법률대리인단은 "미쓰비시중공업 측과 다툴 실익이 없어 보인다"며 압류를 포기한 배경을 설명했다. 배상금보다 소송 비용이 더 크게 들 게 뻔했기 때문이다. 결국 강제동원 피해자 재판이 한창이던 2016년과 2018년에 갑자기 거래 주체를 바꾼 미쓰비시중공업의 법인 쪼개기 전략이 확실하게 통한 셈이었다. 그나마 다행인 건, 이런 법인 쪼개기 꼼수를 반복하기 어렵게 됐다는 점이다.

제2차 세계대전은 오늘날을 살아가는 사람들에게 다소 먼 이야기로 느껴지는 경우가 대부분이다. 누군가는 전쟁이 끝난 이후 흘러간 시간을 언급하며 과거는 과거일 뿐 눈앞의 실익을 따지는 게 더 중요하다고 여길 수도 있다. 같은 맥락에서 반성 없는 전범 기업과 거래했다는 이유만으로 특정 기업의 잘잘못을 따지면서 이들에게 분노의 화살을 돌리는 것만이 정답이라고 할 순 없을 것이다. 전쟁 이후 고도의 경제 성장을 이룩하기까지 굴곡 많은 시간을 보낸 우리 현대사에서 전범 기업과 거래하는 게 맞는지 따져 볼 여유가 없었던 것도 일정 부분 사실일 것이다.

이 때문에 LS엠트론을 비롯한 여러 국내 기업이 전쟁 이후 전범국이란 사실을 알면서도 일부 일본 기업들과 기술 제휴를 맺었고, 그 대가로 적지 않은 비용을 그들에게 지불했다. 하지만 과거에 대한 반성이나 진정성 있는 사과도 없이 각종 꼼수를 써 가며 경영하는 전범 기업과 거래하는 것에 정말 대안은 없는 것인지, 다시 한번 고민해 볼 필요가 있다.

보도를 준비하고, 또 마무리하는 과정에서 취재팀은 LS엠트론은 물론 LS그룹 고위 관계자들과 여러 차례 만났다. 이메일과 전화로도 수시로 소통했다. LS 측 입장은 한결같았다. 미처 기술이 발달하지 못했던 시절, 좀 더 좋은 기계를 효율적으로 만들기 위해 미쓰비시중공업 제품을 들여오게 됐다는 해명을 되풀이했다. 이번 일로 기업의 이미지가 잘못 낙인찍힌다면 사업에도 큰 지장이 생길 수 있다며 난색을 보이기도 했다.

또한 전체 부품 중 미쓰비시중공업 엔진이 차지하는 비중은 1.2%에 불과하다는 입장도 여러 차례 강조했다. 하지만 LS엠트론에게 '크지 않은' 비중을 차지하는 이 거래 대금은 고령의 강제동원 피해자들이 마땅히 받아야 할 배상금을 모두 합친 금액을 웃도는 규모다. LS 측은 "피해자들의 아픔에 충분히 공감하고 있다"면서 "앞으로 미쓰비시중공업과의 거래를 차츰 줄이겠다"고 약속했다. "강제동원 피해자들의 아픔을 극복할 수 있는 일에 도움이 될 수 있는 일이 있다면 적극적으로 고민해보겠다"는 입장도 전했다.

우리나라의 부실한
역사 기록물 관리 실태 추적

방대한 자료 공개한 미국 국립문서기록관리청, 우리나라는?

취재팀이 강제동원과 미쓰비시 관련 자료 조사를 하며 가장 큰 도움을 받은 해외 기관을 꼽으라면 바로 미국 국립문서기록관리청(NARA)일 것이다. 이 기관은 미국의 과거와 현재를 아우르는, 매우 방대한 자료를 보유하고 있다. 직접 기관을 방문하지 않아도 누구나 자료를 확인할 수 있도록 사진과 영상 자료를 홈페이지에 공개하고 있다. 비교적 최근에 찍힌 자료들도 있지만, 수십 년 전에 촬영된 흑백 사진과 영상들도 많다.

흥미로운 건 미국 정부 기관이지만 우리나라와 관련된 자료들이 상당히 많다는 점이다. 지금도 미국 국립문서기록관리청 홈페이지에서 Korea, South Korea, Korean war 등 관련 키워드로 검색하면 보고서, 사진, 영상 같은 다양한 자료들을 볼 수 있다. 생각보다 고화질인 데다가 언제 어디서 촬영한 건지 확인할 수도 있다. 6·25 전쟁 당시 쑥대밭이 된 서울의 모습부터, 후줄근한 차림새로 줄을 서서 미군에게 통조림을 받아먹는 어린아이들의 모습도 볼 수 있다.

미국에 국립문서기록관리청이 있다면, 우리나라엔 국가기록원이 있다. 기관의 역사가 미국만큼 길지는 않지만, 그래도 우리

나라에서 기록물 관리 업무를 하는 기관 중엔 국가기록원이 가장 크다. 취재팀이 처음 국가기록원에 접촉한 건, 지금은 사망한 강제동원 피해자들의 영상 혹은 음성 기록물을 받아보기 위해서였다. 국가기록원에서 이런 자료들을 갖고 있게 된 배경은 지난 2009년으로 거슬러 올라간다.

일본의 강제동원에 대한 논의가 한·일 양국에서 계속되고 있던 즈음, 국내에선 국무총리실 산하에 위원회가 꾸려졌다. 이른바 '일제강점하강제동원피해진상규명위원회'였다. 이름 그대로 강제동원 피해 생존자들을 직접 만나 일제강점기 당시 강제동원이 어떻게 이뤄졌는지 일일이 진술을 듣고, 정부 차원에서 대응하기 위해 만들어졌다.

위원회 발족 이후 조사관들은 전국을 다니며 시골에 사는 피해 생존자들을 만나 구두 진술을 확보했다. 당시만 해도 대부분 60~70대였던 피해 생존자들은 위원회 관계자들에게 어떻게 일본에 끌려갔고, 어떤 노동을 했는지 상세히 증언했다. 위원회는 이들과의 면담을 녹화했고, 건건이 보고서를 작성했다.

시간이 흘러 위원회는 2015년 공식 활동 기간이 끝나면서 해산됐고, 피해 생존자들의 면담 자료를 포함해 위원회가 약 6년간 생산한 모든 자료는 행정안전부 산하 국가기록원으로 이관됐다. 모두 중요 국가 기록물이기 때문이었다.

취재팀은 바로 이 자료들을 확인해보기 위해 국가기록원에 정보공개청구를 했다. 여러 피해 생존자 중에서도, 미쓰비시 탄광이나 미쓰비시 항공기 제작소 등에 끌려가 일했던 천만수, 서정만, 윤병렬 할아버지의 구술 면담 영상과 보고서를 공개해 달라고 요청했다.

사라진 강제동원 피해자 '육성 증언'

정보공개청구서를 접수하고 얼마 지나지 않아, 국가기록원에서 전화가 왔다. 뜻밖의 답변이 들려왔다. 세 어르신의 구술 면담 영상이 사라졌다고 했다.

국가기록원 관계자와 JTBC 취재기자 통화 내용

국가기록원 관계자 천만수, 서정만, 윤병렬, 이 세 분만 아예 (구술 면담 영상이) 없는데요?

기자 행정안전부에 물어봤더니 강제동원위원회에서 갖고 있던 자료는 전부 국가기록원으로 갔다고 하는데요.

국가기록원 관계자 (행정안전부로부터) 이관 목록을 받아 왔습니다. 어쨌든 목록은 다 갖고 있거든요. 근데 희한하게 세 분 건 안 보여요. 녹음 기록이 있어야 하는데 어떻게 된 건지 모르겠네요. 확인을 좀 더 해 볼게요. 저희도 답답하네요.

기록물 관리를 맡아 하는 국가 기관에서 강제동원 피해자들의 구술 면담 자료가 아예 없어졌다고 답변하는 상황이 쉽게 이해되지 않았다. 국가기록원 측은 취재팀 요청에 따라 다시 한번 자료가 있는지 확인해 보겠다고 했다. 하지만 며칠 뒤 같은 답변을 받게 됐다.

국가기록원 관계자와 JTBC 취재기자 통화 내용

국가기록원 관계자 사실은 그 세 분은 녹음 파일을 못 찾았어요. 그 이유를 잘 모르겠어요.

기자 자료를 이관하는 과정에서 혹시 빠진 건가요?

국가기록원 관계자 (이관 당시) 자료가 흐트러져 있는 상태여서… 반 정도는 정리해서 등록했는데, 반은 등록이 안 됐어요.

지난 2015년 위원회 해산과 함께 자료 이관이 일괄적으로 이뤄진 이후, 5년이 넘도록 제대로 정리되지 않고 있었던 것이다. 국가기록원 측은 결국 취재팀이 요청한 구술 면담 자료를 찾지 못했다고 실토했다.

그러면서 당시 CD, DVD, 6mm 테이프 등 저장 형태가 제각각이라 어떤 자료가 어떻게 저장되어 있는지 도저히 찾을 수가 없다고 했다. 직원들이 일일이 재생하기 전까지 자료들의 보관 상태를 알 수 없을 뿐만 아니라, CD 같은 저장 장치는 매체 특성상 시간이 지나면 손상되기 쉬워 자료가 날아가는 일도 있다는 것이었다. 위원회 활동 당시엔 지금처럼 영상 파일을 디지털로 관리하기 쉽지 않았기 때문에, 이런 일이 생겼다고 설명하기도 했다.

취재팀은 이참에 우리 정부의 기록물 관리 실태를 본격적으로 들여다보기로 했다. 정보공개요청 범위를 강제동원 피해자들 면담 기록 전체로 넓혔다.

이 과정에서 일부 면담 자료들은 구술한 당사자인 피해자들이 작성한 동의서가 있는지 없는지 확인되지 않아 취재팀에 공개할 수 없다는 답변이 돌아왔다. 즉 위원회가 전국 곳곳에 흩어진 피해자들을 만나 면담하고, 이 과정을 녹화할 때 추후 면담 자료를 활용해도 된다는 내용의 동의서를 받아야 했는데, 이걸 확인하기 어렵다는 것이었다.

국가기록원 관계자와 JTBC 취재기자 통화 내용

국가기록원 관계자 영상을 찍거나 녹취를 한 경우 학술 연구나 공익 목적으로 사용해도 좋다고 하는 동의서를 받아 두는데, 2000년대 초반에 이뤄지던 일이라, 어떻게 정리가 됐는지 모르겠습니다. 조사관에 따라 (강제동원 피해자별로) 개인 파일을 만들어 놓은 사람도 있고, 동의서만 모아놓은 사람도 있는데, 이게 통째로 날아가 버린 상태인 것도 같고요.

기자 어떻게 그런 거죠?

국가기록원 관계자 동의서만 모아 놓은 것들이 제대로 이관이 안 되거나 그런 상황도 있는 것 같고. 저희로선 10년 전 일이라 정확히 알 수가 없습니다.

결국 강제동원 피해자들이 시간을 들여 진술한 내용이 있어도, 일반 국민이나 언론을 통해 세상에 알려질 수 없다는 뜻이었다. 취재팀이 현장에서 열람한 일부 영상들엔 당시 위원회 측의 면담 준비가 허술했던 정황이 그대로 담겨 있기도 했다.

면담 담당자 1 이거 (테이프) 설정 잘못했나 봐. 테이프를 늘여놨어, 길게.

면담 담당자 2 그럼 어떻게 되는데?

면담 담당자 1 화질이 안 좋다거나, 그런 식으로 테이프를 길게 늘이는 거지, 한 시간짜리를.

당시 조사관들이 면담을 마치고 작성했던 보고서들도 상황은 마찬가지였다. '구술자에 대한 사전지식 부족으로 구술자의 고향과 이동 경로에 대한 잘못된 이해를 하는 실수 발생' '캠코더 배터리 부족으로 면담 시작 후 40분만 촬영됨' 등 한 강제동원 피해자의 면담 보고서 특이사항엔 조사 준비 역시 허술했던 정황이 적혀 있었다.

국가기록원은 이 같은 문제는 현재 기록원 소관이 아니라면서도, 당시 위원회가 기록물 관리와 관련된 전문 지식이 부족했기 때문이라고 해명했다. 국가기록원 관계자는 “지금 기록원에서 구술 면담을 다시 했다면 이렇게 관리하지는 않았을 것”이라고 털어놓기도 했다.

국가기록원 관계자와 JTBC 취재기자 통화 내용

기자 위원회가 출범 초기엔 부족한 점이 있었나 봅니다.

국가기록원 관계자 기록 관리를 어떻게 해야 하는지 잘 모르는데 진상 조사도 해야 하고. 그러니 기록물 정리가 조금 등한시된 겁니다. 바쁜데 피해자들 만나러 팔도강산 돌아다니고, 시간에 쫓겨 보고서 써야 하고, 그러니 업무가 바쁘죠. 정리가 덜 된 측면이 없지 않아 있어요. (중략) 보통 위원회가 만들어지고 활동 기간이 종료되면 청산단이 만들어지거든요. 당시엔 위원회가 폐지되고 6개월 안에 청산해야 하니까 목록을 확인하거나, 기록물을 일일이 대조해서 이관받지 못하고 덩어리 그대로 받아버렸던 것 같아요. 저희는 인력도 달리고, 예산도 달리고. 위원회에서 만든 자료를 저희가 다 이해할 순 없잖아요.

국가기록원의 기록물 관리 실태를 취재하며 안타까운 마음이 들었다. 취재팀이 확인한 구술 면담 영상 속 강제동원 피해자들의 모습은 매우 다채로웠다. 수십 년 전 이야기를 하면서 어린아이처럼 우는 사람도 있었고, 손자, 손녀에게 옛날이야기를 들려주듯 담담한 목소리로 조사관들과 대화하는 사람도 있었다. 누군가는 하나의 영웅담을 풀어놓듯 생기 가득한 얼굴로 손짓을 섞어 가며 생생한 증언을 했다. 이야기를 풀어 나가는 방식은 저마다 달랐지만, 모두에게서 지나간 역사를 잊지 않기 위한 노력이 돋보였다.

김정은 근로정신대할머니와함께하는시민모임 사무국장은 "강제동원 피해자들은 당장 내일 돌아가셔도 자연스러운 연세들"이라며, 그들의 목소리를 허투루 기록한 것에 대해 황당함을 나타냈다.

피해자들의 구술 면담 내용은 매번 치밀한 여론전을 펼치려는 일본에 맞설 수 있는 귀중한 육성 증언이다. 단 몇 명에 불과하더라도 이런 기록물이 어디에 어떻게 보관되고 있는지, 심지어 있는지 없는지조차 제대로 알 수 없는 상황이 아쉽고 안타까울 수밖에 없었다. 더욱이 국가기록원에서 영상이나 녹음파일을 찾을 수 없다고 한 천만수, 서정만, 윤병렬 세 분은 이미 세상을 떠나 다시 찾아가 기록할 수도 없는 상황이라 안타까움을 더했다.

세금 들여 해외서 가져온 자료, 분석률은 한 자릿수

취재팀은 정부가 해외 곳곳에 퍼져 있던 우리 역사 기록물들을

국가기록원이 수집한 해외기록물은 총 271만 건에 달했지만, 실제 해제 작업은 약 18만 건 7% 수준에 불과했다.

얼마나 잘 관리하고 있는지도 살펴보기로 했다. 우선, 지난 5년간 국가기록원이 미국과 일본 등 해외 기관에서 들여온 기록물은 얼마나 되는지, 또 자료 원문을 사람들이 볼 수 있도록 하는 번역 등 해제 작업은 얼마나 진행됐는지 공개를 요청했다.

국가기록원이 공개한 자료에 따르면, 지난 2021년 5월 기준으로 수집된 해외 기록물은 문서 약 258만 건을 비롯해 총 271만 건. 세금 약 5억 원이 쓰였다. 하지만 해제 작업이 이뤄진 건 전체의 7% 수준이었다. 극히 일부분의 기록물에 대해서만 분석 작업이 완료된 상태였다. 취재팀은 국가기록원이 해외에서 들여왔다는 기록물 중 일부를 직접 볼 수 있게 해달라고 추가 요청했다.

찾기 어렵다는 답변이 돌아왔다. 해제 작업이 덜 진행됐을 뿐만 아니라, 국기기록원 내부에서도 어떤 부서에서 해당 기록물들을 취급하는지 정확히 알지 못해 혼란스러운 것으로 보였다. 취재팀은 수차례에 걸쳐 기록원이 지난 2012년, 혹은 2013년에 들여왔다는 자료를 보여 달라고 요청했지만, 번번이 찾지 못했다는 답변이 돌아왔다.

이처럼 기록물이 제대로 관리되지 않고 있는 건 국가기록원에 관련 인력이 충분치 않기 때문이기도 했다. 취재팀이 취재하며 만난 대부분의 국가기록원 관계자들은 사람이 부족하다고 호소했다. 실제로 취재팀이 여러 종류의 자료를 국가기록원에 요청했고, 자료를 들여다보는 과정에서도 여러 관계자와 통화를 했지만 '해외 기록물의 구매 및 해제 관리' '홈페이지 업로드' 등의 업무를 직원 한 명이 사실상 도맡아 하고 있었다.

국내 기관끼리 협조가 면밀하게 이뤄지지 않는 점도 문제였다. 현재 영상물은 KBS나 한국영상자료원이, 문서는 국사편찬위원회가 주로 담당한다고 하는데, 체계적으로 업무가 구분돼 있지 않은 것으로 보였다.

취재팀이 이 사안을 취재하며 만난 한 기관 관계자는 "기관별로 업무 영역이 명확하게 구분되지 않다 보니, 가끔은 국내 기관끼리 경쟁하는 것처럼 보이는 일도 있었다"며 "해외 기관에 기록물을 사들이기 위해 의뢰하면, 작년에 한국의 다른 기관에서 이미 가져간 자료란 답변이 돌아오는 일도 있었다"고 했다.

기록물 관련 기관 관계자들은 공통적으로 "누구나 쉽게 기록물을 열람할 수 있어야 한다"고 강조했다. 임지현 서강대 사학과 교수는 "이른바 '민주적 접근권'이 보장돼야 한다. 기록물이 있어도 아무도 볼 수 없다면 과거의 진실을 밝혀내기는 아주 어려워진다"고 말했다. 임 교수는 "문서 보관소를 누구든 원하는 사람에게 개방해야 하는 게 원칙"이라고 덧붙였다.

취재팀 역시 느낀 바가 많았다. 우리의 아픈 역사를 담아낸 여러 기록물이 세계 곳곳에 펴져 있지만, 그것들을 제대로 모으기엔 국내 인력도 예산도 그리고 대중의 관심도 너무 부족했다. 보도 이후 국가기록원은 입장문을 내고 "관련 자료들의 해제 작업에 앞으로 더 속도를 내겠다"고 밝혔다. 지켜볼 일이다.

영상취재기자
"방송 뉴스는 영상 없으면 무용지물"

'방송국 카메라' 하면 보통 덩치가 크고 무거운 ENG(Electronic News Gathering) 카메라를 떠올리는 경우가 많다. 이 카메라를 들고 여러 현장을 누비는 이들이 바로 영상취재기자다.

흔히 '취재'라고 하면 정보를 캐내거나 알아내는 영역에만 해당한다고 생각하기 쉬운데, 방송 뉴스는 다르다. 아무리 훌륭한 취재로 새로운 사실을 찾아냈다고 하더라도, 이를 영상으로 표현해 전달할 수 없다면 방송 뉴스로의 가치는 크지 않을 때가 많다. 그만큼 방송 뉴스의 제작 및 취재 과정에서 영상취재기자들의 역할은 굉장히 중요하다.

새로운 사실을 취재하는 일은 때로는 현장에 직접 가지 않더라도 할 수 있다. 핵심 취재원과 전화 통화를 하거나, 인터넷으로 문건을 주고받는 것만으로도 가능한 경우가 많다. 하지만 눈앞의

ENG 카메라로 촬영 중인 홍승재 영상취재기자

생생한 모습을 영상으로 찍는 건, 직접 현장에 가지 않고서는 불가능하다.

이 때문에 취재기자들보다 영상취재기자들이 더 오랜 시간 현장에 머물 때도 있다. 영상취재기자들은 긴급한 상황에서도 항상 카메라를 들고 영상을 촬영할 수 있어야 하기 때문에 민첩함과 빠른 판단력이 요구된다. 여기에 변화하는 디지털 환경에 익숙해지기 위해 새로운 촬영 기술도 틈틈이 공부하고 익혀야 한다.

취재팀과 탐사보도 취재를 함께한 영상취재기자들의 이야기를 들어봤다.

ENG 카메라에 삼각대(트라이포드) 등을 합치면 무게는 15kg에 달한다.

Q 뉴스 보도에 쓰이는 영상을 찍을 때 가장 많이 활용하는 장비는 어떤 건가요?

신동환 영상취재기자 ENG 카메라를 가장 많이 사용합니다. 요즘엔 대부분 카메라가 그렇지 않지만, 예전엔 영상 촬영과 소리 녹음을 별도로 해야 했습니다. ENG 카메라는 촬영기자 1명이 영상 촬영과 소리 녹음을 동시에 할 수 있는 장비입니다. 또 흔들림을 잘 보완해 주기 때문에 주로 고정된 앵글로 촬영된 영상이 필요한 보도국에서 많이 사용하고 있습니다.

Q ENG 카메라는 크기가 큰 만큼 무게도 굉장할 것으로 보입니다.

신동환 영상취재기자 8kg 정도 나갑니다. 여기에 조명이나 렌즈 같은 장비를 추가로 달면 11kg까지 나갑니다. 성인 남성이 들기에도 무겁긴 하지만,

그만큼 흔들림이 적은 고퀄리티 영상을 촬영할 수 있어서 여전히 보도국에서 널리 사용하고 있죠. 다른 카메라에 비해 멀리 있는 대상을 찍어도 선명하게 잘 찍힌다는 점도 장점입니다. 통일전망대에서 건너편 북한 땅에서 농사짓는 농민들이 보일 정도로 '줌인'이 가능하니까요. 현장 상황에 따라 망원렌즈, 어안렌즈, 접사렌즈 등 다양한 렌즈를 사용합니다.

보통은 영상취재기자들이 ENG 카메라를 어깨 위에 얹고 촬영합니다만, 오랜 시간 고정된 앵글로 촬영해야 할 때면 '트라이포드'라 불리는 삼각대를 사용합니다. 삼각대만 해도 무게가 4kg에서 5kg에 달합니다. 이 때문에 영상취재기자 혼자서 모든 장비를 가지고 다니기엔 무리가 있죠. 그래서 많은 경우 주로 트라이포드 등 보조 장비들을 챙겨 주는 '오디오맨'(영상취재기자를 돕는 역할로 인터뷰 촬영 때 마이크 드는 업무를 전담하는 사람)과 함께 다니면서 일하고 있습니다. 또 이들은 한쪽 눈으로 렌즈만 들여다보고 있는 영상취재기자들이 미처 보지 못하는 주위 상황을 살피고, 통제하는 역할도 하고 있습니다.

Q 최근엔 고프로, 360 카메라, 드론 등 새로운 장비들이 많이 나오고 있는데 이 장비들도 직접 활용하나요?

신동환 영상취재기자 맞습니다. 이 때문에 영상취재기자들은 새로운 장비가 나올 때마다 사용법을 공부하고, 또 어떤 경우에 쓰면 좋을지 계속 연구해야 합니다. 일반적으로 많이 사용하는 카메라 장비들도 계속해서 촬영 기술을 업데이트하고 있습니다. 일례로 고프로는 ENG 카메라로 찍기 어려운

드론 촬영을 준비 중인 신동환 영상취재기자. 영상취재기자들은 드론을 비롯한 각종 최신 촬영 장비들의 사용법을 틈틈이 익혀야 한다.

좁은 공간을 들여다보거나, 수중 촬영을 할 때 요긴하게 사용하고 있죠. 최근엔 새로운 장비가 나오는 주기도 점점 짧아지고 있는데요. 이 때문에 기존 뉴스 프로그램이나 다큐멘터리만 참고하는 게 아니라, 유튜브에 올라오는 영상들도 꼼꼼히 참고하고 있답니다.

Q 스마트폰도 영상취재에 활용될 때가 있나요?

신동환 영상취재기자 생각보다 스마트폰으로 촬영한 촬영본이 많이 활용됩니다. 앞서 설명한 ENG 카메라가 비싼데다 부피도 크기 때문에 모든 영상취재기자가 각자 한 대씩 보유하지 못하기도 합니다. 또 출퇴근길에 예상치 못한 사건 사고를 맞닥뜨릴 때는 스마트폰을 급히 꺼내 촬영해야 합니다. 저도 출근길에 16중 추돌 사고를 목격했거나, 폭설이 내려 자동차 안에 갇혔을 때, 스마트폰으로 주변 환경을 촬영했던 기억이 납니다.

Q 영상 촬영에도 트렌드가 있을 것 같습니다.

홍승재 영상취재기자 뉴스라는 건 결국 만드는 사람이 아닌, 보는 사람, 즉 시청자가 중심이어야 한다고 생각합니다. 때문에 보는 사람들이 선호하는 트렌드에 맞춰 뉴스 제작에 필요한 영상을 촬영하는 방식도 조금씩 변하는 게 당연합니다.

신동환 영상취재기자 JTBC의 특징이기도 한데, 최근엔 역동적이고 현실적인 촬영본을 많이 찍고 있습니다. 예전엔 고정된 앵글로 선명하게 촬영하는 걸 선호했는데, 요즘엔 앵글이 다소 흔들리더라도 현장에서 느껴지는 역동성을 최대한 반영하고자 노력하고 있습니다. 촬영 부서에 따라 지향하는 촬영 방법이 달라질 때도 있습니다. 정치인들이 참석하는 공식 행사 등은 트라이포드를 이용해 카메라를 고정해 촬영하는가 하면, 사건 사고나 화재 등 사회부 현장의 모습을 전달할 땐 고정된 앵글보다 생생한 분위기 자체를 전달하는 게 우선입니다.

Q 영상취재기자로 일하다 보면 해외 출장을 갈 일도 많을 것 같은데요. 국내 촬영과 어떻게 다른가요?

신동환 영상취재기자 해외 촬영은 예상치 못한 여러 변수가 있을 수 있어서

해외 촬영 때는 ENG 카메라 대신 무게가 훨씬 더 가벼운 작은 카메라를 사용하기도 한다.

항상 신경을 많이 쓸 수밖에 없습니다. 일단 한 대당 수천만 원을 호가하는 ENG 카메라의 경우, 분실 우려가 있어 식사하러 갈 때도 반드시 영상취재 기자가 직접 갖고 다니는 게 원칙입니다. 또 해외로 나갈 때는 고가 제품이니만큼 세관 신고를 해야 합니다. 특정 외국 국가에선 평범한 길거리 모습이나 건물의 외관을 찍을 때도 현지 경찰에 허락을 구해야 할 때도 많습니다.

또 다른 변수가 바로 인터넷인데요. 영상취재기자는 업무의 특성상 현지에서 촬영한 영상을 회사로 바로 전송하거나, 실시간으로 시청자들에게 현장을 보여주기 위해 인터넷 연결을 해야 할 때가 많습니다. 그런데 해외는 우리나라에 비해 인터넷 통신망 연결이 불안해 늘 걱정이 많죠. 현장 연결 도중 인터넷 연결이 끊어지면 바로 방송 사고로 이어지기 때문입니다.

Q 영상취재기자로 일하려면 현장 취재기자와의 호흡이 굉장히 중요할 것 같습니다.

신동환 영상취재기자 물론입니다. 방송 뉴스는 취재기자가 작성한 기사에 맞는 촬영본이 있어야 제대로 만들어질 수 있거든요. 이 때문에 촬영 전에 취재기자와 의견을 교환하는 과정이 필요합니다. 취재기자의 의도를 명확하게 알아야 거기에 맞는 영상을 촬영할 수 있죠. 영상취재기자와 취재기자의 의도가 엇갈리면 기사와 영상이 서로 맞지 않을 수 있습니다. 취재기자는 A를 이야기하는데, 영상으로는 B를 보여주고 있다면, 시청자 입장에서 잘못된 정보를 받을 수 있기 때문이죠.

Q 영상 촬영 일을 하며 가장 어려웠던 기억은 무엇인가요?

홍승재 영상취재기자 뉴스 보도용 카메라를 들었다고 하더라도 결국은 영상취재기자들도 사람이거든요. 그래서 힘들거나 안타깝거나, 고통스러움을 느끼는 사람들이 있는 현장에 갔던 경험이 유독 기억에 남습니다. '이런 현장에서 느껴지는 분위기를 어떻게 촬영해야 시청자들에게 잘 전달할 수 있을까?' 하는 부분이 가장 고민스러운 것 같습니다. 단순히 눈앞에 보이는 모습을 찍어 전달하는 걸 넘어서, 말이나 글이 아닌 영상으로 감정을 전달하는 게 유독 어렵게 느껴지는 경우가 많습니다.

Q 영상취재기자들이 '뻗치기' 하는 모습을 많이 볼 수 있습니다. 영상취재기자들은 이때 어떤 준비를 하나요?

홍승재 영상취재기자 영상취재기자에게 가장 중요한 건 바로 내 카메라에 필요한 영상이 담기는가입니다. 아무리 의미 있는 취재를 하고, 눈으로 직접 확인했다고 하더라도, 영상으로 남지 않으면 의미가 약해지죠. 그래서 뻗치기를 할 때는 항상 신경을 곤두세운 채, 만나고자 하는 사람이 언제 나올지 주위를 지켜보고 있어야 합니다. 물론, 카메라도 언제든 녹화 버튼을 누를 수 있도록 준비해 놔야 하고, 어떻게 하면 최적의 상태로 촬영할 수 있을지 고민해서 카메라를 세팅해 놓습니다. 사실은 굉장히 특별한 노하우나 팁이 있다기보다 매 순간 최선을 다하는 수밖에 없는 것 같습니다.

Q '뻗치기'를 할 때 힘든 점이 많을 것 같습니다.

홍승재 영상취재기자 보통 뻗치기를 하며 기다리는 인물들은 커다란 방송국 카메라가 달갑지 않은 경우가 대부분일 겁니다. 이 때문에 뻗치기를 하는 영상취재기자들을 요리조리 피하는 경우가 많습니다. 그러니 취재기자도, 영상취재기자도 기다리는 내내 긴장 상태를 유지할 수밖에 없죠.

곽상도 의원 아들 곽병채 씨(대장동 특혜 개발 의혹 관련 '화천대유' 퇴직금 50억 원 당사자)를 만나기 위해 기다릴 당시엔 문 열리는 소리, 엘리베이터 소리, 집집마다 들리는 벨소리 하나에도 카메라를 껐다 켰다 하며 긴장했던 기억이 있습니다.

중요한 점은, 바로 짧은 시간 안에 빠른 판단을 내려야 한다는 건데요. 만나야 할 사람이 갑자기 카메라를 발견하고 도망간다거나, 예상치 못했던 경로로 이동해 놓쳐버릴 수 있습니다. 갑자기 위험한 상황이 펼쳐질 수도 있는

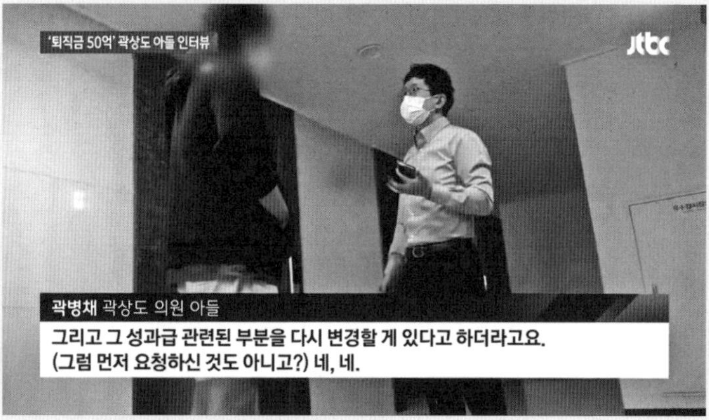

홍승재 영상취재기자가 촬영한 곽상도 의원 아들 곽병채 씨 인터뷰. 대장동 특혜 개발 의혹 관련 '화천대유'서 퇴직금 50억 원을 받은 곽 씨를 언론 최초로 인터뷰해 사회적으로 큰 반향을 일으켰다.

거고요. 마치 영화의 한 장면 같은 추격전이 펼쳐질 수도 있죠. 취재기자와 미리 상의해 이런 경우 각자 어느 방향으로 흩어져서 어떻게 이동할지, 촬영은 어떻게 할지 등 예상되는 시나리오가 있다면 생각해 보고 대응 방안을 준비하는 게 중요합니다.

Q 가장 오래 '뻗치기'를 했을 때는 몇 시간까지 했었나요? 특히 기억에 남는 '뻗치기' 경험이 있다면 무엇인지 궁금합니다.

홍승재 영상취재기자 세월호 참사를 취재할 때였습니다. 하루에 6~7시간씩 움직이지 않고 같은 자리를 지켰던 기억이 있습니다. 기본적으로 대부분의 뻗치기 취재는 언제 누군가를 만날지 기약이 없는 상태에서 진행하기 때문에 최소 1시간에서 2시간 정도는 움직일 수 없다고 생각하는 편입니다.

해외 출장 중인 신동환 영상취재기자. 어딜 가든 ENG 카메라를 항상 옆에 두고 있어야 한다.

영상취재기자로 일하며 여러 차례 뻗치기 취재를 했었지만, 곽병채 씨와 인터뷰하기 위해 기다렸던 순간이 가장 기억에 남습니다. 제가 했던 취재 중 사회적 반향이 가장 컸고, 영향력도 있는 단독 취재였기 때문입니다. 실제로 보도가 나간 뒤, 다른 회사 기자들이 어떻게 곽병채 씨 인터뷰를 할 수 있었는지 많이 궁금해했던 기억이 납니다.

Q 영상취재기자로서 가지고 있는 사명감이 있다면 무엇인가요.

신동환 영상취재기자 영상은 무조건 쉽게 이해할 수 있어야 한다고 생각합니다. 저도 현장에서 이 점을 항상 기억하고 노력하는데, 가장 어려운 부분

중 하나이기도 하죠. 더욱이 요즘은 꼭 영상취재기자가 아니더라도 수준급의 촬영 기술을 보유한 사람이 많으니까요. 하지만 이들과 영상취재기자가 다른 점은 시청자가 현장에 직접 가지 않고서도 어떤 상황인지 알 수 있도록, 직관적이고 쉬운 영상을 촬영해야 한다는 점입니다. '초등학생이 본다고 생각하고 영상을 촬영해야 한다.' 저는 항상 이 부분을 기억하며 영상취재를 하고자 노력합니다.

홍승재 영상취재기자 보도국 영상취재기자로서 느끼는 책임감이 막중하다고 생각합니다. 물론, 어떤 일이든 책임이 따르는 건 변함이 없겠지만, 영상취재기자가 촬영한 영상이 세상에 공개돼 사회적으로 큰 파장을 일으키는 경우가 많습니다. 이 때문에 항상 현장을 정확하게 보여줄 수 있도록 촬영해야겠다는 다짐을 하곤 합니다.

영상편집기자, 마감 5분 전까지도 멈추지 않는 빠른 손놀림

흔히 기자라고 하면 취재기자와 영상취재기자를 떠올리기 쉽다. 영화나 드라마 등에서도 기자 역할 배역이 나올 때마다 현장을 누비며 취재하는 두 직군의 기자들을 주로 묘사한다. 하지만 실제 방송국엔 이들 외에도 또 다른 직군의 기자들이 더 있다. 바로 영상편집실에서 마감을 앞두고 고군분투하는 '영상편집기자'들이다. 이름에서부터 알 수 있듯이 이들의 업무는 취재기자와 영상취재기자가 가져온 취재 소스(촬영 영상, CG, 오디오 등)들을 하나의 리포트로 완성하는 역할이다.

영상편집기자는 취재기자와 소통하며 어떻게 하면 1~3분 정도 길이의 짧은 영상에서 명확하게 취재 내용들을 시청자에게 잘 전달할 수 있을지 고민한다. 특히 탐사보도의 경우 대부분 그 내용이 매우 복잡하고 여러 개 보도가 동시에 나가는 경우가 많아

능숙하게 훈련된 영상편집기자가 필수적이다.

취재팀과 각종 탐사보도를 함께 해온 JTBC 지윤정 영상편집 기자의 이야기를 들어봤다.

Q 영상 편집을 할 때 사용하는 컴퓨터 프로그램과 기기가 궁금합니다.

A 회사마다 다른데, JTBC는 '에디우스'란 프로그램을 사용합니다. 그 밖에 효과를 추가로 내고 싶을 때는 '애프터이팩트'와 '포토샵' 등도 활용합니다. 사실 방송국 편집기자가 쓰는 컴퓨터라고 상상하면 왠지 '특별한 컴퓨터를 쓰지 않을까'란 생각들을 많이 하실 테지만, 일반적으로 가정에서 사용하는 컴퓨터를 씁니다. 여기에 편집을 효율적으로 하기 위해 모니터가 3개입니다. 그 외에 사실 다른 점이 거의 없습니다.

Q 영상편집기자가 되기 위해 어떤 공부를 해왔나요?

A 저는 대학에서 '방송보도'를 전공했습니다. 사실 20여 년 전 일이라 대학 시절에 영상편집기자가 되기 위해 어떤 공부를 했었는지 잘 기억은 안 나긴 합니다. (웃음) 대학 과제로 뉴스 리포트 만들기를 했던 게 기억에 남는데, 지금 제가 만들어내는 결과물과는 사뭇 다르긴 합니다. JTBC 입사 전엔 YTN에서 근무했습니다. 원래 연예인을 너무 좋아해서 예능국을 가고 싶었는데, 어쩌다가 우연히 영상편집기자가 된 겁니다. 지금에 와서 생각하니 행운이었다는 생각이 듭니다. 20살 초반에 정치의 'ㅈ' 자도 모르던 제가 그때부터 공부하기 시작했습니다. 다양한 이슈들 중에 시청자들이 재밌게 받아들일 만한

지윤정 영상편집기자가 근무하는 편집실의 모습. 빠른 편집 작업을 위해 모니터 여러 대를 동시에 사용한다.

요소들을 찾아내는 작업을 계속했던 게 편집기자로서의 감을 익히는 데 도움을 줬다고 생각합니다. 과거부터 지금까지 계속하고 있는 저만의 공부는 '신문 읽기'입니다. 너무 간단하지만, 너무 중요한 습관인데요. 진보지와 보수지를 두루 읽어서 오늘 어떤 일들이 화제가 되고 있는지 미리 파악합니다.

☞ 빠른 영상 편집을 위해선 주요 정치인들의 얼굴은 물론, 각종 이슈들의 흐름을 모두 파악하고 있어야 한다. 특히나 현장의 영상을 모두 파악하고 있어야 하기 때문에, 영상편집기자들 역시 편집 작업을 하지 않을 때도 다양한 공부를 한다.

지윤정 영상편집기자가 사용하는 '에디우스' 프로그램 화면. 일반적으로 널리 쓰이는 어도비 '프리미어'와 비슷한 프로그램이다.

Q 일반 영상 편집과 뉴스 편집의 다른 점이 있다면요?

A 제가 늘 후배들에게 강조하는 이야기인데요. 화면 하나하나에 직접 의미를 부여한다는 점에서 일반 영상 편집과 뉴스 편집이 다르다고 생각합니다. 특히 정치 뉴스의 경우엔 제가 어떤 정당의 소식을 전할 때 인물의 어떤 표정 어떤 행동이 담긴 영상을 쓰느냐에 따라 시청자들은 긍정적 이미지를 전달받기도 하고 부정적 이미지를 전달받기도 합니다. 그렇기 때문에 그냥 짧게 스쳐 지나가는 영상일지라도 영상편집기자는 이를 유의하면서 편집해야 하고, 시청자가 사안을 좀 더 명확하게 받아들일 수 있도록 도와주는 데 초점을 둬야 합니다.

Q 탐사보도 리포트를 편집할 때 특히 주의하는 점이 있다면 무엇일까요?

A 단연 '모자이크'에 주의해야 합니다. 이상직 의원 추적 보도도 모자이크를 해야 하는 부분이 정말! 굉장히! 많았습니다. (웃음) 하나라도 놓치면 바로 소송이 걸릴 수 있다는 생각으로 꼼꼼하게 처리해야 합니다. 그리고 보통 탐사보도 리포트는 연속으로 보도하는 경우가 많기 때문에 편집기자도 계속 들어오는 영상에 무엇이 있는지와 취재 내용과 방향 등을 잘 알고 있어야 합니다. 또한 내용이 복잡할 가능성이 크기 때문에 시청자의 이해도를 높여주는 데 주안점을 둬야 합니다.

Q 편집팀 내부에서 기자 별로 담당 분야는 어떻게 정해지는지 궁금합니다.

A 1년에 두 번 정도 지망을 받습니다. 크게 정치, 경제, 사회, 외교·안보, 문화 이렇게 나눠서 본인이 관심이 있는 분야를 신청받습니다. 아무래도 영상편집기자도 미리 해당 분야에 대해 공부하는 게 영상 편집을 하는 데 도움이 되기 때문입니다.

Q 3분짜리 리포트를 하나 만드는 데 들어가는 시간은 어느 정도일까요?

A 사실 어떤 리포트인지에 따라 같은 3분짜리 리포트더라도 소요 시간은 천차만별입니다. 단순히 정보 전달성으로 편집만 하면 되는 경우는 30분 안짝으로도 가능합니다. 하지만 탐사보도 리포트처럼 소위 '품이 많이 드는' 리포트의 경우 모자이크나 효과를 줄 게 많기 때문에 길면 2시간까지도 걸립니다.

Q 영상 편집 업무를 하며 난감하거나 어려웠던 순간이 있었나요?

A 단연 '데스킹'이 안 날 때입니다. 나가야 하는 뉴스 시간은 임박해 오는데 데스킹이 안 나서 취재기자가 오디오를 읽지 못할 때 정말 애가 탑니다. 어떤 때는 뉴스 나가기 5분 전에 단신 뉴스 편집을 맡을 때도 있었습니다. 그럴 때는 정말 '부리나케' 손을 움직여서 해야 하는데 끝내고 나면 수명이 줄어드는 기분입니다.

☞ 취재기자가 취재를 끝내고 기사를 다 썼다고 바로 보도할 수 있는 게 아니다. 담당 부장(데스크)의 '데스킹 과정'을 거쳐야 한다. 틀린 건 없는지, 법적으로 문제가 될 건 없는지 등 하나하나 확인한 다음 최종적인 '데스킹 완료'가 이뤄진다. 이후 기자가 원고를 읽고(오디오) 녹음 파일이 영상편집실로 넘어가면 본격적인 뉴스 리포트 편집이 시작된다.

Q 요즘 유튜브 등 다양한 미디어 플랫폼의 영향력이 커지고 있는데, 편집 스타일에도 영향을 주는지 궁금합니다.

A 영향을 준다고 생각합니다. 앞서 말했듯이 저희 편집기자들에게 제일 중요한 건 시청자가 영상을 보고 사안을 이해하기 쉽게 돕는 것인데요. 아무래도 시청자들이 익숙하다고 느끼는 영상 편집 스타일도 유튜브 등 다양한 미디어 플랫폼의 발달에 따라서 달라지고 있기 때문에 이를 최대한 맞추려는 노

력을 저희도 하게 됩니다. 요즘 저의 고민이기도 한 게, 최근 트렌드가 컷 편집을 많이 해서 지루할 틈이 없게 빠르게 전개해 나가는 방식인데, 저는 뉴스의 경우 정석적일 필요가 있다고 생각하는 편입니다. 정석이라 하면 CG를 크게 보여주고 한 컷당 최소 3초씩은 보여주는 식인데요. 요즘 트렌드와 정석 사이에서 어떤 게 시청자의 이해도를 더 높일 수 있을지를 늘 고민하게 됩니다.

Q 영상편집기자로서 업무에 있어서 가장 중요하게 생각하는 점은 무엇인가요?

A 아까 말씀드렸듯이 시청자가 이해하는 데 도움이 되도록 영상 편집을 하는 것이고요. 다음은 아무래도 협업이다 보니까 취재기자가 어떤 이야기를 하고 싶은 건지를 잘 파악하는 겁니다. 그래서 같이 일할 취재기자가 당일에 배정이 되면 최대한 대화를 많이 하려고 하고, 저도 기사를 읽고 궁금한 점이 있으면 적극적으로 물어보기도 하면서 작업을 합니다. 마지막으로 취재기자가 찾은 영상보다 제가 더 좋은 영상을 찾는 겁니다. 취재기자가 편집실에 오기 전에 미리 리포트에 필요할 만한 영상들을 쭉 정리해 놓고 뉴스 리포트에 쓸 만한 '베스트 컷'들을 정리해 둡니다.

#4

역사를 잊은 나라, 역사를 기록한 나라

비슷한 과거를 가졌지만, 현재 모습은 완전히 다른 두 나라. 바로 독일과 일본이다. 취재팀은 전범 기업 미쓰비시 실체와 일본 정부의 안하무인 행태를 추적 보도한 이후, 그들이 어떻게 변해야 하는지를 보여주고자 했다. 살아 있는 역사 속에 답이 있었다. 바로 독일이다.

독일은 일본과 같은 시기, 같은 전쟁에 참여했지만, 과거를 대하는 방식은 완전히 다르다. 벤츠, BMW, 휴고보스 등 누구나 알 법한 독일의 기업들은 제2차 세계대전 당시 미쓰비시와 비슷한 방식으로 크게 성장했다. 수없이 많은 전쟁 포로를 동원해 노동을 강요했고, 유대인을 끔찍하게 학살하는 만행을 저질렀다.

하지만 독일이 전범의 역사를 감추지 않았다는 사실은 이미 널리 알려져 있다. 부끄러운 과거를 낱낱이 기록한 독일의 여러 기념관과 박물관은 미디어를 통해 여러 차례 소개되었다. 그만큼 누군가는 독일의 이런 행보 자체를 너무나 당연하게 느낄 수도 있다. 하지만 어두운 과거, 그것도 범죄의 역사를 숨김없이 미래 세대와 전 세계 앞에 공개하는 건 쉬운 일이 아니다.

해외 취재는 준비 단계부터 만만치 않았다. 특히 취재를 준비할 당시 코로나19가 전 세계적으로 확산하면서 독일 내 박물관 등 주요 시설이 무기한 문을 닫거나 인원 제한 규정이 생겼다. 취재팀은 여러 시설에 장문의 메일을 보내 취재 목적을 설명하고 미리 허가를 구해야 했다. 고맙게도 많은 시설들이 오직 취재팀을 위해 문을 열어주겠다며 적극적으로 취재에 응했다.

출국을 몇 주 앞둔 시점엔 항공편이 문제였다. 전 세계 항공 운행이 급속히 줄어들면서 예약했던 취재팀의 비행기 표가 갑자기 취소됐다는 통보를 받았다. 급하게 이리저리 알아본 끝에 다행히 항공편을 찾을 수 있었다. 물론, 미리 섭외해 놓은 취재원들과의 인터뷰 시간을 모두 조정해야 해서, 꽤 골치가 아팠다. 우여곡절 끝에 취재팀은 2021년 7월, 독일 곳곳을 다니며 직접 취재할 수 있었다.

충격적 만행의 현장
'강제수용소'도 그대로 보존

ARBEIT MACHT FREI

노동이 너희를 자유케 하리라

나치는 '진리'가 아닌 '노동'이 자유를 선사할 것이라고 했다. 베를린 근교 작센하우젠 강제수용소로 통하는 철문엔 이렇게 적혀 있다. '노동이 너희를 자유케 하리라'. 아이러니하게도 이 문은 수감자들이 바깥으로 도망치지 못하도록 지켜보는 감시탑 입구였다. 작센하우젠 수용소는 20만 명 넘는 사람들이 끌려간 악명 높은 곳이었다. 이 수용소는 수감자들을 감시하기 위해 거대한 부채꼴 모양으로 지어졌고, 외부와의 소통을 철저히 막기 위해 사방이 감시탑과 철조망으로 둘러싸여 있다. 나치가 꿈꾼 자유는 철저히 자신들만을 위한 것이었다.

이토록 끔찍한 곳이지만, 그래서 꼭 가봐야겠다는 생각이 들었다. 가는 길을 찾아보니 베를린 도심에서 작센하우젠 수용소까지 기차와 버스를 타고 1시간 반 정도를 가야 했다. 취재팀은 아침 일찍 베를린 중앙역에서 출발했다. 기차에서 내린 뒤에도 시골길을 따라 한참을 이동했다. 이렇게 수용소에 도착하자마자 마주친 건, 평일 낮이었는데도 꽤 많은 사람으로 붐비고 있는 수용소 입구였다. 팬데믹 영향으로 외국인 관광객도 많지 않았다. 대부분 독일 현지 가족 단위 여행객이거나 단체 관람을 온 학생들이었다. 일부 관람객들은 아예 인솔자 겸 해설자와 동행해 수용소를 둘러보고 있었다. 취재팀도 수용소 곳곳에 외국인을 위해 영어로 쓰여 있는 해설을 읽어가며 천천히 내부를 둘러봤다. 가끔은 단체 관광객들 틈에 섞여 인솔자의 해설을 귀동냥하기도 했다.

제2차 세계대전 당시 수감자들은 유대인과 동유럽 전쟁 포로가 대부분이었다. 독일인이라도 나치 반대자나 동성애자같이 당시 이른바 '비정상'으로 불린 사람이라면 누구든 강제로 끌려와야 했다. 이들은 매일 각종 노동 현장에 투입됐다. 전쟁 물자 생산 공장은 물론이고 일반 가정집과 농장, 심지어 성당 같은 종교 시설에서도 일했다고 한다. 노동 현장이 다양했던 만큼, 노동의 형태도 천차만별이었다. 시시때때로 목숨이 위협받는 공사 현장에서 일했던 사람이 있는가 하면, 요리와 설거지 등 비교적 일상적인 집안일에 가까운 노동을 했던 사람들도 있었다. 독일인이 있는 곳이라면 어디든 강제동원 노동자가 있었다는 사실을 뜻하기도 했다.

하지만 대부분 제대로 된 노동의 대가를 받지 못했다. 특히 동유럽 출신자와 여성 포로들은 더욱 혹독한 대우를 받았다. 극단적인 인종 차별 논리 때문에 독일인과 만나는 것만으로도 처벌받았다. 독일인 남성의 아이를 가진 여성은 동네 사람들이 보는 앞에서 공개 처형되기도 했다. 이유 없는 죽음은 매일같이 반복됐다. 이런 희생자 수는 추정조차 어렵다고 한다. 그저 2000만 명 안팎이 독일 곳곳의 수용소에 갇혀 일했고, 또 죽어갔으리라 짐작할 수 있을 뿐이다.

수용소 내부엔 당시 수감자들의 삶이 생생하게 기록돼 있었다. 다닥다닥 붙어 있는 수많은 침대는 마치 감옥을 연상하게 했다. 세면실 역시 턱없이 부족하고 열악한 모습이었다. 수용소엔 이 같은 일상 시설은 물론이고 게슈타포(당시 독일 군 경찰)에 체포된 수감자들이 따로 머물던 감옥과 고문실까지 원형에 가깝게 복원돼 있었다. 병에 걸리거나 다친 수감자들이 생활했던 병동도 있었는데, 이곳에서 죽음을 맞은 수감자들이 수없이 많았다고 한다. 시신 전용 통로까지 따로 만들어져 있을 정도였다.

수용소 바깥엔 다양한 추모 시설이 있다. 수용소에 들어서면 유대인 희생자들의 넋을 기리는 추모비 겸 위령탑이 가장 먼저 눈에 들어온다. 꼭대기엔 이 수용소에서 지냈던 피해자들의 국가 숫자만큼 삼각형을 그려 넣었다고 한다. 수용소 가장자리 벽을 따라 피해자들을 향한 추모의 메시지가 쓰여 있는 것도 볼 수 있다. 피해자들이 주로 어떤 나라에서 왔는지 기억하기 위해 각 나라별 국기를 매달아 놓기도 했다.

작센하우젠 강제수용소 담벼락 앞에 설치된 표지판. '중립 지대'라고 쓰여 있지만, 실제론 이곳을 지나면 총을 쏜다는 의미를 담고 있다.

위령탑을 지나 수용소를 둘러싼 담벼락을 따라 걸었다. 군사시설 근처에서 볼 수 있는 철조망이 촘촘히 설치돼 있었다. 그러다 발견한 표지판 하나. '중립 지대'라고 쓰여 있었다. 표지판 아래엔 "이 선을 넘으면 경고 없이 총을 쏠 수 있다"는 독일어 설명이 붙어 있고 표지판 앞엔 경계선이 만들어져 있었다.

취재팀은 마침 단체 관광객들과 함께 이 표지판 앞에 멈춰 선 인솔자를 통해 관련 설명을 들을 수 있었다. 표지판과 경계선은 수용소를 몰래 탈출하려던 수감자들에게 보내는 경고 메시지였다. 누구든 경계선을 넘어서면 수용소 감시탑에 있던 군인들로부터 총살을 당할 수 있었다. 아이러니하게도 '중립 지대'는 평시에

군대의 주둔이 금지된 지역, 혹은 전시에 교전국 사이에 병력을 투입하지 않기로 협정한 지역을 뜻한다.

독일 뮌헨 근교 다하우 강제수용소에도 참혹한 과거가 남아 있다. 다하우 수용소는 1933년 나치가 세운 최초의 수용소였다. 독일 패망으로 전쟁이 끝날 때까지 약 20만 명의 사람들이 이곳에 갇혀 있던 것으로 추정된다. 현재 대부분의 수용소 막사는 철거돼 그 터만 남아 있다. 하지만 그 흔적만 봐도 수용소가 얼마나 넓었는지 가늠할 수 있을 정도다.

취재팀이 방문한 7월의 독일은 30도를 넘는 더위가 이어지고 있었다. 끝이 보이지 않는 드넓은 수용소를 걷다 보니 머리가 핑 돌 정도로 숨이 막혔다. 수용소 사방은 회색빛 철조망 담장이 둘러싸고 있었는데, 철조망엔 사람이 사망할 정도의 고압 전류가 흘렀었다고 한다. 근처 안내판에선 실제 철조망에 걸려 사망한 사람의 사진도 볼 수 있었다. 담장에 더 가까이 다가가니 멀리서 보이지 않던 깊게 파진 도랑을 볼 수 있었다. 수감자들이 도망치는 걸 막기 위해 만들어졌다고 한다. 뛰어오던 수감자들은 담장에 닿기도 전에 이 도랑에서 고꾸라졌다. 물이 흐르지 않았을까 예상했던 도랑의 실제 용도를 알고 나니 소름이 돋았다. 지금은 푸른 잔디와 들꽃이 덮고 있지만, 과거엔 도망치다 사망한 수감자들의 시신이 있었다고 생각하니 끔찍했다.

다하우 강제수용소. 철조망을 두른 높은 담벼락 주변에 깊은 도랑이 있다.

이 밖에 수용소엔 수감자들에게 모진 매질을 할 때 사용한 고문 도구, 시신을 나르는 데 사용한 수레, 우리가 흔히 알고 있는 파란 줄무늬 수감복 등도 전시돼 있었다. 매질로 피투성이가 된 사람, 총살 당한 사람, 팔다리가 뒤엉킨 채 쌓여 있는 시신들을 촬영한 사진이 곳곳에 걸려 있었다.

수용소 막사가 있던 터를 지나 더 안쪽으로 들어가면 굴뚝이 있는 빨간 벽돌집이 나온다. 주변이 푸른 풀과 높은 나무들로 우거져 있어 평화로워 보이기까지 한다. 아이러니하게도 이곳이 유대인에게 "샤워를 한다"고 속여서 데려간 가스실이었다. 이곳에서만 약 3만 명이 숨진 것으로 추정된다. 벽돌집 안으로 들어가면서늘한 회색빛의 방이 연달아 이어져 있는데, 나치는 이곳에서 샤워를 기다리는 사람들에게 물 대신 가스를 살포했다고 한다. 그리고 그 상태 그대로 바로 옆방에 있는 화장터에서 시신을 처리했다. 벽돌집 입구로 들어와 시신 화장터가 있는 방까지 걸어서 20초도 걸리지 않았다. 이 방에 들어선 수감자들은 마치 도축되는 가축처럼 모든 방을 거친 뒤 차가운 시신으로 나왔다. 이들의 억울한 영혼은 여전히 이 작은 방에 갇혀 있는 것 같은 기분이 들었다.

수용소 곳곳에서 현장학습을 나온 학생들을 쉽게 볼 수 있었다. 학생들은 선생님을 둘러싸고 진지한 표정으로 설명을 듣고 있었다. 더운 날씨에 수업은 꽤 오랫동안 이어졌지만, 얼굴을 찌푸리거나 딴짓하는 학생은 거의 없어서 그 모습 자체가 인상적이었다.

학생들은 어떤 생각으로 수업을 듣고 있었던 건지 물어보고 싶었다. 하지만 견학에 방해가 될까 싶어 선뜻 다가가지 못한 채 한참을 주변만 맴돌았다. 잠시 후 휴식 시간이 되자 학생들은 그늘로 흩어졌다. 그 틈을 타 학생들과 인터뷰를 진행했다.

레너드 바이트쿠스와 릴리 피셔, 15살인 두 학생은 학교 수학여행으로 이곳을 찾았다고 했다. 이들은 학교에서 나치 전범에 대해 배웠다고 했다. 역사 교육은 교실에서 끝나는 게 아니라 현장으로 이어지고 있었다.

다하우 강제수용소 가스실(위)과 시신을 소각하던 화장터(아래).

독일 학생들과 JTBC 취재기자 인터뷰 내용

기자 여긴 어떻게 왔나요?

레너드 수학여행으로 왔어요. 학교에서 가고 싶은 사람은 가라고 했는데, 저희는 모두 오겠다고 했어요. 9학년들 전체가 왔는데요. 올해 코로나가 심했지만 모두 오고 싶다고 했어요.

기자 오늘 무엇을 배웠나요?

릴리 역사에 대해 배웠어요.

레너드 그들(나치)이 한 일은 좋지 않았어요. 나쁜 결정을 내렸고, 또 굉장히 끔찍한 일을 저질렀다고 배웠어요.

기자 학교에서 나치에 대해 배우는 게 꼭 필요하다고 생각하나요?

레너드 네, 나치가 한 일을 배우는 건 중요하다고 생각해요. 저는 모두가 이곳에 와서 배워야 한다고 생각합니다.

취재팀의 눈에 띈 또 다른 이들은 이탈리아에서 온 가족이었다. 코리나 디 레오 씨 부부는 딸, 아들과 함께 이곳을 찾았다. 수용소 입구에 설치된 설명문을 읽고 있는 네 가족의 모습은 진지해 보였다. 엄마 코리나 씨는 "아이들이 학교에서 과거사에 대해 깊게 배우기 시작했다"며 수용소를 방문한 이유를 설명했다.

코리나 디 레오 씨와 JTBC 취재기자 인터뷰 내용

코리나 나중에 아이들이 이곳에 돌아오면 오늘 봤던 것들을 꼭 기억했으면 좋겠어요. 이탈리아나 다른 나라에서도 유대인에 대해 나쁜 행동을 했던 적이 있어요. 이런 일이 다시 일어나지 않도록 저도 최선을 다할 겁니다.

작센하우젠, 다하우 수용소 외에도 제2차 세계대전 당시 독일 전역엔 이런 수용소가 3만 곳 이상 있었다. 생필품을 파는 슈퍼마켓만큼이나 많은 숫자다. 한꺼번에 수만 명이 함께 지낸 수용소도 있었지만, 도심 주택가 사이사이에도 자그마한 수용소들이 있었다고 한다. 수감자들은 이곳에서 매일 절망을 경험했고, 담 하나를 사이에 두고 독일 시민들은 평범한 일상을 지냈다.

독일을 취재하면서 자연스럽게 일본이 떠올랐다. 독일 출장을 오기 전 미쓰비시 관련 취재를 하며 꾸준히 마주친 일본의 민낯. 강제동원을 부정하고, 과거를 지우는 것에만 집중하던 일본. 같은 전범 국가였지만, 독일과 일본은 너무나도 달랐다.

도심 한복판 추모 공간,
유대인 한 명 한 명을 기억하다

독일 베를린 중심가엔 전쟁 범죄 희생자들을 기억하는 추모 공원이 있다. '홀로코스트 메모리얼파크'다. 면적만 약 1만9000m². 이곳엔 나치 피해자들을 상징하는 서로 크기가 다른 커다란 비석 2700여 개가 서 있다.

메모리얼파크 안쪽으로 들어가면 미로 같은 느낌이 드는데 중심부로 들어갈수록 고립감이 커진다. 마치 당시 희생자들의 괴로움을 간접적으로 보여주는 것 같은 느낌이 들었다. 바깥 소리도 잘 들리지 않아 더욱 집중할 수 있었다. 사람들은 이곳을 걸으며 희생자들의 아픔을 공감하고 또 추모하고 있었다.

지하엔 박물관이 있다. 취재 당시 코로나19 때문에 박물관 입장 인원수에 제한이 있었다. 먼저 들어간 사람들이 나가야 다음 사람들이 들어갈 수 있었기 때문에 취재팀은 꽤 오래 줄을 선 끝에 입장할 수 있었다.

희생자 기억 공간엔 나라별로 희생자 숫자가 적혀 있었다. 프랑스 7만6100~7만7100명, 네덜란드 10만~10만2000명, 루마니아 27만5000~29만5000명, 헝가리 27만~30만 명… 국가마다 숫자는 정확하지 않다고 한다. 얼마나 많은 희생자가 있었을지 추정치일 뿐이다. 숫자만으로도 당시 끔찍함을 짐작할 수 있었다.

베를린 '홀로코스트 메모리얼파크'. 커다란 비석들은 나치에 희생된 피해자들을 상징한다.

특히 인상적이었던 건, 이곳에서 유대인들은 거대한 희생자 집단 속 이름 모를 한 명으로 기억되지 않고 있었다는 점이다. 박물관 안쪽엔 담담한 목소리가 울려 퍼지는 공간이 있다. 나치에 희생당한 유대인들의 이야기를 읊는 곳이다. 이름은 무엇인지, 언제 태어났는지, 어디서 어떻게 죽었는지, 생전에 무슨 일을 했는지 600만 명 희생자 각자의 이야기를 차분하게 읽어 준다. 이 모든 사연을 다 읽는 데 걸리는 시간은 무려 '6년 7개월 27일'이라고 한다.

피해자 가족들의 사연을 하나하나 기록한 공간도 마련됐다. 평범한 가정이 어떻게 파괴됐는지, 그 과정이 상세히 기록돼 있었다. 밝게 웃는 가족사진과 수용소 모습이 교차하면서 마음이 착잡해졌다. 방문객들은 이곳에서 전쟁 범죄가 얼마나 끔찍한지 다시금 깨닫게 된다.

> "사랑하는 나의 아이들아, 아빠에게 편지를 써 보렴. 아마도 너희를 도울 수 있을지 모르겠구나. 부디 신이 너희를 가엾게 여겨주시길 바란다. 우리는 내일 아무도 알지 못하는 곳으로 떠난단다. 눈물을 담아 너희를 안아주고 싶구나. 언젠가 꼭 너희를 다시 내 품에 안고 싶은데. 가여운 나의 아이들. 너희를 다시는 볼 수 없게 될 것 같아."
>
> — 어느 유대인이 남긴 편지 내용

'홀로코스트 메모리얼파크' 근처엔 유대인 박물관이 있다. 아우슈비츠 포로수용소 인근에서 태어난 유대인 건축가 다니엘 리베스킨트(Daniel Libeskind)가 설계한 곳이다. 이 건축가의 부모님 세대 역시 홀로코스트를 겪었다.

이곳엔 희생된 유대인들의 소장품과 이들의 과거 사진, 영상 등 다양한 전시물들이 공개돼 있다. 이들의 고통과 희생을 표현한 여러 작품이 있는데 가장 유명한 작품은 〈공백의 기억〉이다. 이스라엘 현대미술가 메나쉐 카디쉬만(Menashe Kadisgman)의 작품이다. 사람 얼굴 모습을 한 금속 조형물들이 가득한 공간으로 관람객은

유대인 박물관 내부 조형물 〈공백의 기억〉

이곳을 직접 걸어서 지나갈 수 있다. 그때마다 조형물들이 부딪히며 소리를 내는데 희생자들의 울음소리를 상징한다고 한다.

취재팀은 박물관 직원의 허락을 받고 구석에 자리를 잡고 앉아 관람하는 사람들을 지켜봤다. '쨍그랑' 하는 소리가 전시장 천장까지 울리다 사라지기를 반복했다. 그 틈에서 한 아기와 아기 엄마를 보았다. 독일인 스테파니와 그녀의 딸이었다. 맨발의 아기가 금속 조형물을 헤집고 다니느라 흰옷이 온통 더러워졌지만, 아기 엄마는 지켜보기만 했다. 아기가 온몸으로 작품을 느낄 수 있게 두는 것 같았다.

그 모습을 한동안 지켜보다 말을 걸었다. 스테파니는 인터뷰에 응할지 조금 주저했다. "독일을 취재하기 위해 한국에서 온 기자인데 아기와 박물관에 함께 온 모습이 인상 깊다"고 설명하자 짧은 소감을 밝혀줬다. 스테파니는 "박물관 근처에 사는데 이곳엔 처음 왔다"며 "아기와 함께 와서 더 뜻깊다"고 했다.

일상에 자연스럽게 녹아든 추모와 기억

'홀로코스트 메모리얼파크'에 다녀온 날, 취재팀은 예상치 못한 인상 깊은 장면을 보게 됐다. 당시 취재팀은 방문이 예정된 기념관과 박물관을 사전 조사 겸 모두 둘러보고 숙소로 복귀하던 길이었다. 길 건너편 강변을 따라 조성된 공원이 하나 있었다. 우리로 치면 한강공원과 비슷한데 그곳에서 시민들은 앉아서 대화도 나누고 맥주를 마시기도 했다.

그런데 이들의 시선이 반대편 건물로 향해 있었다. '뭘 보는 걸까?' 그 시선을 따라가 보니 건너편 건물 외벽에서 상영 중인 영상이 눈에 띄었다. 여름밤 더위를 식히러 나온 사람들이 뭘 보고 이렇게 진지한 표정을 짓고 있는 걸까? "설마 또 '우리는 반성한다' 이런 내용 아닐까?" 농담을 주고받으며 가던 방향을 틀어 사람들이 모인 곳으로 걸음을 옮겼다.

강 건너 건물 벽엔 빔 프로젝트로 쏘아 올린 미디어아트쇼가

펼쳐지고 있었다. 영상은 제2차 세계대전부터 오늘날까지 독일의 모습을 담은 짧은 다큐멘터리였다. 독일이 저질렀던 전쟁 범죄를 포함해 어두운 역사도 낱낱이 담겨 있었다. 전쟁이 끝난 이후 베를린 장벽이 무너지는 모습도 CG로 구현했는데, 마치 눈앞에서 그 장면을 직접 보고 있는 것처럼 느껴졌다. 독일 의회는 여름 행사로 베를린 도심 한복판에서 정기적으로 이 다큐멘터리를 상영하고 있었다.

다큐멘터리를 보던 독일 시민들의 연령대는 매우 다양했다. 어린아이들도 많았는데 부모님과 나란히 앉아 차분히 영상을 시청하고 있었다. 학생으로 보이는 청년들과 장년층도 있었다. 연령대를 막론하고 모두가 자국의 역사를 진지하게 지켜보고 있었다. 옆자리에 앉은 사람과 자유롭게 감상을 공유하고, 또 토론하기도 했다. 이들 틈에 합류한 취재팀도 덩달아 엄숙하고 진지하게 영상이 끝날 때까지 자리를 지켰다.

독일에선 기억과 추모, 그리고 반성이 일상에 자연스럽게 녹아 있었다. 특별히 시간을 내야만 하는, 또 큰 결심이 필요한 그런 일이 아니었다. 취재팀이 밟고 서 있던 어느 보도블록엔 "이곳에 유대인이 살았다"고 적혀 있기도 했다. 과거 나치에게 희생당했던 유대인 가족이 살던 터를 잊지 않기 위해 만들어 놓은 것이었다. 이렇게 추모와 기억은 독일 어디에서나 일상적으로 이뤄지고 있었다.

기업과 정부가 함께 만든 '기억책임미래재단'

피해자들에 대한 추모와 함께 꼭 이뤄져야 하는 일은 그들이 입은 정신적·물질적 피해에 대한 보상일 것이다. 독일 기업들은 정부와 함께 피해자들을 위한 지원 재단을 만들었다. '기억책임미래재단'이다. 6000개 넘는 독일 기업이 독일 정부와 공동으로 약 6조 원을 출자했다. 피해자 지원과 교육 활동 등을 하고 있다.

이미 독일 정부는 전쟁 범죄 피해자 배상 등에 지금까지 100조 원 넘는 돈을 썼다. 이 금액은 취재 과정에서 독일 정부 측으로부터 직접 확인받은 수치다. 막대한 배상금을 지급했음에도 독일은 "아직 부족하다"며 피해자 지원을 위해 끊임없이 행동하고 있었다.

취재팀은 독일 출장을 준비하면서 '기억책임미래재단' 측에 직접 찾아가고 싶다고 이메일을 보냈었다. 하필 취재팀이 독일을 방문하기로 한 기간에 재단 전체가 휴가라는 답변이 돌아왔다. 재단에선 화상 인터뷰를 하는 게 어떻겠느냐고 제안해 왔다. 취재팀은 독일로 떠나기 전 안드레아 데스팟 '기억책임미래재단' 대표와 인터뷰를 가졌다.

기억책임미래재단 안드레아 데스팟 대표와 JTBC 취재기자 인터뷰 내용

기자 제2차 세계대전이 끝난 이후, 피해자들에 대한 배상 논의가 어떻게 시작된 건가요?

안드레아 데스팟 전쟁이 끝난 직후엔 독일 정부가 이 주제를 언급하는 데 매우 신중한 태도를 보였습니다. 이런 와중에 특정 국가들의 피해자들을 대상으로 한 '전후 보상법'이 만들어졌고, 또 다른 국가들과의 국제평화협정도 맺었습니다. 그러면서 독일 정부의 태도도 변하기 시작했습니다.

기자 논의가 본격적으로 시작된 계기는요?

안드레아 데스팟 하나의 동력은 1990년대 시민사회로부터 나왔습니다. 강제동원 피해자들과 관련된 문제를 국민적 관심사로 만들었고, 의회에선 피해자들에 대한 배상을 위한 법을 발의했습니다. 두 번째 동력은 독일 통일 즈음 동유럽 국가들에서 관련 논의가 진행된 것에서 나옵니다. 폴란드, 우크라이나 등 동유럽 국가들에서 제2차 세계대전 당시의 피해들에 대한 논의가 많이 거론됐습니다.

기자 재단에선 현재까지 진행된 강제동원 피해자들의 배상에 대해 어떻게 생각하시나요?

안드레아 데스팟 강제동원 노동자들이 경험했던 고통과 부당함에 비하면 독일 사회에서 합의한 상징적 보상으로서의 금전적 지불은 부족하다고 생각합니다. 당시 보상의 규모는 10조 마르크였는데, 절반은 기업들이, 나머지 절반은 독일 정부가 마련했습니다. 이 금액 중 일부는 재단에 남겨 두고

장기적으로는 미래 세대를 위한 공동 사업, 사회복지, 교육 프로젝트 등에 쓰이고 있습니다.

기자 재단에서 현재 강제동원 피해자들을 위해 하는 활동엔 어떤 것들이 있나요?

안드레아 데스팟 피해자들은 매우 연로한 상태입니다. 1945년 제2차 세계대전이 끝났을 때 어린아이였으니, 지금은 매우 고령이고, 특별한 돌봄이 필요한 분들도 있습니다. 의학적인 것뿐만 아니라 사회 심리학적 치유가 필요하고, 또 이동상 도움을 필요로 하기도 합니다. 또한 이들은 이제 인생의 마지막을 바라보고 있습니다. 다음 세대를 위해서라도, 이분들이 더 이상 세상에 없더라도, 우리가 이런 사실을 잊지 않도록 하기 위해서 우리 재단이 존재하는 겁니다.

기자 독일 내에서 재단의 활동에 대한 시민들의 인식은 어떤가요?

안드레아 데스팟 종합적으로 보면 우리 재단이 행한 것에 대해 인정받았고, 평가도 나쁘지 않다고 생각합니다. 저희는 매년 대략 300여 개의 프로젝트를 지원하고 있습니다. 역사적 사실에 대해 교육하고, 또 이를 기억하고 유지하게끔 하기 위해서요. 여전히 (전범에 대해) 남아 있는 책임의 문제를 해결하는 게 우리 재단의 사명입니다. 이런 활동이 온전히 전쟁 당시의 빚을 갚을 수 있는 건 아니지만, 앞으로도 항구적인 책임 의식을 갖고, 다음 세대의 독일을 위해서라도 계속해서 활동해 나갈 겁니다.

'전범 참상' 고스란히 담아낸 독일 교과서

역사는 기억하지 않으면 잊힌다. 그렇기에 역사 교육은 굉장히 중요하다. 미래 세대에 과거를 숨김 없이 전하는 것. 독일이 과거 전범 만행을 반성하기 위해 정한 또 다른 원칙이다.

취재팀은 전문가의 도움을 받아 현지에서 중·고등학생들이 사용하는 역사 교과서를 구매해 내용을 살펴봤다. 모든 학년에서 전범 관련 내용을 같은 분량만큼 다루는 건 아니지만, 학년이 높아질수록 조금씩 더 많고 깊은 내용을 공부한다고 한다. 취재팀은 베를린 지역 중·고등학교에서 보편적으로 사용하는 출판사 '클레트Klett'의 역사 교과서를 구매해 보았다.

취재팀은 7~8학년과 이보다 심화 과정에 해당하는 9~10학년이 사용하는 교과서를 살펴봤다. 7~8학년 교과서의 경우 나치와 관련한 내용을 많이 다루진 않았다. 다만 심화 과정이 이어지는 9~10학년 교과서엔 나치가 벌였던 선동전을 시작으로 구체적인 나치의 범죄 행위에 관한 내용이 교과서 절반 가까이 이어졌다. 참혹했던 나치의 만행도 생생하게 담겼다. 텍스트뿐 아니라 여러 지도, 그림, 사진 등 다양한 시각적 자료를 이용해 학생들의 이해를 도왔다. 전문가들은 독일 교과서가 우리가 생각하는 것 이상으로 아주 상세하고, 어린 연령대의 학생들을 대상으로 교육이 이뤄지고 있다고 설명했다.

역사 교과서는 희대의 전범 아돌프 히틀러의 일생도 자세히 서술하고 있다. 교과서에 따르면 그는 1889년 오스트리아에서 태어나 독학으로 지식을 익히고 제1차 세계대전에 참전했다. 이후 뛰어난 웅변술을 무기 삼아 정치가로서 활동을 확장했다. '히틀러는 교황이 방문한 것만큼이나 사람들에게 감동을 줬다'는 교과서에 담긴 한 생존자의 증언은 그가 당시 사람들에게 어떤 존재였는지 보여준다. 잔인한 나치 범죄에 대한 서술 역시 빠지지 않았다.

> "한 군인이 폴란드의 점령지에서 끔찍한 행위를 목격했다고 보고했다. 그는 우크라이나인들이 SS(나치 친위대) 명령에 따라 같은 우크라이나인들의 머리를 총으로 쏴 살해하고, 벌거벗은 유대인들이 길고 깊은 도랑 앞에 줄지어 서 있는 것을 보았다. 도랑에서 종종 비명 소리가 들렸다."
>
> — 독일 역사 교과서 내용 중

> "유대인들은 화물 마차에 실려 수용소로 끌려갔다. 도착한 사람들은 일할 수 있는 사람과 사형에 처할 사람으로 분리됐다. 여성, 어린이와 노인들은 즉시 처형됐다. 그들은 가스실로 보내졌고, 시체는 불태워졌다. 일할 수 있는 사람은 완전히 지칠 때까

지 일해야 했다. 하지만 그들 역시 영양실조, 질병, 학대와 고문으로 사망했다. 가장 유명한 죽음의 수용소, 아우슈비츠 수용소에서 백만 명이 넘는 사람들이 죽음을 맞이했다."

— 독일 역사 교과서 내용 중

"유대인들 외에 죽도록 박해받은 또 다른 소수자들도 있었다. 여기엔 동성애나 여호와의 증인 같은 이들이 포함돼 있었다. 유대인 외 가장 큰 희생자는 산티족과 로마족뿐 아니라 장애인이었다. (중략) 수만 명의 집시들이 '아우슈비츠 수용소'로 이송돼 살해됐다. 정신질환자, 기형 또는 정신장애가 있는 사람들은 결혼하거나 자녀를 가질 수 없었다. 최소 12만 명의 장애인이 살해된 것으로 추정된다."

— 독일 역사 교과서 내용 중

교과서는 많은 독일인이 이런 잔혹한 행위를 알면서도 외면했다고 지적하고 있다. 전범의 책임은 학살이나 고문을 직접 자행한 이들뿐 아니라 누군가의 죽음과 고통을 모른 척한 이들 모두에게 있다는 걸 강조한다.

교과서의 한 챕터가 끝나면 그 아래엔 간단한 질문들이 붙어 있다. "전쟁 후 많은 독일인이 범죄에 대해 전혀 몰랐다고 하는데 어떻게 생각하나요?" "오늘날에도 유대인의 대량 학살을 부정하는 사람들이 있는 이유를 토론해 보세요." 학생들은 이런 질문에 답을 하면서 스스로 생각을 정리하는 시간을 갖는다.

감추고 싶은 과거를 공개하기까지

독일도 과거를 그대로 공개하는 데 곧장 준비돼 있었던 건 아니었다. 사회적 거부감이 있었다. 취재팀은 독일에서 정치문화를 연구하고 있는 이진 독일 정치+문화연구소장을 만났다. 이진 소장은 역사 교과서를 예로 들며 "우리가 얘기하는 이상적인 독일의 역사 교육이 처음부터 있었던 게 아니라 지난한 과정의 토론과 논쟁을 통해 현재의 모습이 만들어졌다"고 설명했다.

제2차 세계대전 패배 직후 독일에선 '패전'과 '전범'이 역사적 트라우마로 여겨졌다. 누구도 그 단어를 입에 올리지 않았다. 그러다 전환의 계기가 된 건 1968년 전후 유럽 동부권에서 일어난 이른바 '프라하의 봄'으로 불리는 대혁명이었다. 독일 사회는 단순히 형식적인 제도로 성숙한 민주주의를 완성하기 어렵다는 사실을 깨닫게 됐다고 한다. 이 소장은 "진정한 민주주의는 권위주의적인 사고와 관행을 혁파해야 가능하다는 인식이 이어졌고, 사람들은 학교 교육의 중요성을 깨닫게 됐다"고 설명했다.

"독일도 '과거 청산을 제대로 했느냐'의 질문에서 자유로운 게 아닙니다. 그런데 말씀드렸듯이 '기억의 문화'란 새로운 접근법을 통해 충분하지 못했던 과거 청산을 어떻게 판단하고 논의해야 하는지 고민하는, 그런 새로운 단계로 넘어갔다고 볼 수 있을 것 같습니다."

— 이진, 독일 정치+문화연구소장

독일의 '기억 문화'가 사회 전반에 자리 잡을 수 있었던 건 독일 사회의 끝없는 노력이 있었기에 가능했다. 독일 뮌헨 시내 한복판에 자리한 나치기록관에서도 관련 이야기를 들을 수 있었다.

취재팀은 나치기록관 언론 담당인 크리스티나 톨룩과 독일 방문 전부터 꾸준히 이메일로 소통했다. 고맙게도 그는 취재팀의 취재를 매우 적극적으로 도와줬다. 팬데믹으로 외부인 방문 일정이 제한된 상황이었고, 심지어 취재팀과 만나기로 했던 나치기록관장 역시 하필 당일 코로나19에 확진돼 만나지 못했다. 대신 크리스티나 톨룩이 취재팀과 기록관 곳곳을 함께 둘러보며 친절한 설명을 해줬다.

그는 기록관을 둘러본 이후 인근 강제동원 노동자 합숙소도 함께 가보지 않겠냐고 제안했다. 덕분에 취재팀은 헤매지 않고 나치기록관과 합숙소를 함께 둘러볼 수 있었다. 과거 끔찍한 노동의 현장이었던 합숙소는 현재 어린아이들을 위한 유치원으로 운영되고 있었다. 일부 건물은 오랜 세월의 풍파를 그대로 맞아 여전히 낡고 허물어진 상태로 방치돼 있었다. 이 건물들은 추후 리모델링을 거쳐 나치의 역사를 알리는 전시관이자 문화 공간으로 사용될 예정이라고 했다.

역사를 오래 공부했다는 크리스티나 톨룩은 취재팀이 독일에서 만난 취재원 가운데 가장 열정이 넘치는 사람이었다. 얼굴도 본 적 없는 취재팀을 위해 성실하게 투어를 준비해 줬다.

특히 기억에 남는 대화가 있다. 크리스티나 톨룩은 당시 전범 피해자들이 머물렀던 수용소를 언급하며 "생필품을 파는 슈퍼마켓만큼이나 많았다"고 했다. 그러면서 "한국인의 입장에서 이해하기 쉽게 설명해주기 위해 한국의 카페 숫자와 비교해 알려주려고 인터넷을 검색했다. 그런데 생각보다 한국의 카페가 너무 많아서 비교 대상으론 적절치 않더라"며 웃기도 했다.

나치기록관 크리스티나 톨룩과 JTBC 취재기자 인터뷰 내용

기자 독일 정부가 과거 전범에 대한 공개적인 사과나 기록 보존에 나설 때 피해자들은 어떤 태도를 보였나요?

크리스티나 톨룩 많은 피해자들이 서로서로 연대하며 결속력을 쌓았습니다. 하지만 피해자들 중엔 이런 관심을 원치 않는 사람도 있었죠. 나치 정권 시절, 이들은 범죄자와 같은 취급을 받았기 때문입니다. 부정적인 이미지를 견뎌내야 했기 때문에, 섣불리 나서서 '보상받고 싶어요'라고 말하기 쉽지 않았습니다.

기자 사회 전반에 배상 자체에 대한 반대 의견도 있었나요?

크리스티나 톨룩 배상은 꽤 긴 과정이었습니다. 독일인들에게 배상에 대한 역사적 중요성을 납득시키는 데 시간이 오래 걸렸습니다. 과거엔 강제동원 자체가 아예 '범죄'로 인식되지 않기도 했습니다. 그저 전쟁에 꼭 필요한 한 부분이라고 생각했던 거죠.

기자 이런 상황을 어떻게 극복할 수 있었나요?

크리스티나 톨룩 학교 교육 과정에서 독일의 전범에 대해 배운 게 굉장히 중요한 역할을 했습니다. 1980년대부터 시간이 지날수록 독일 교육과정에서 전범에 대해 깊게 배워 나가고 있습니다. 지난 40년간 학교 교육 덕분에 강제동원 문제도 점점 더 많이 알려지고 있습니다. 대중적인 관심도 커졌고, 관련 자료들에 대한 아카이브 작업도 많이 이뤄지고 있죠. 이 때문에 사람들이 이런 내용에 대해 알아보기도 점점 더 쉬워졌습니다.

101세 노인도 재판 중…
공소시효 없는 처벌

휠체어를 타고 법정에 들어선 노인. 독일인 요세프 쉬츠다. 그는 2022년 101세가 됐다. 그가 피고인으로 재판정에 선 건 70여

년 전 일 때문이다. 그는 21살이던 지난 1942년부터 1945년 전쟁이 끝날 때까지 독일 베를린 인근 작센하우젠 수용소에서 경비원으로 일했다. 이 기간 수용소에선 3500여 명이 학살당한 것으로 추정된다.

독일 검찰은 요세프 쉬츠를 나치 부역 혐의로 기소했다. 소련군 포로를 총살하거나 독성가스를 사용해 수감자를 학살하는 데 그가 도움을 줬다고 판단했다. 그는 최종 변론에서도 "그때 나는 농장에서 일했다"며 혐의를 전면 부인했지만, 법원은 2022년 6월, 징역 5년 형을 선고했다. 국제아우슈비츠위원회는 "이번 판결은 희생자들의 가족을 위한 뒤늦은 보상"이라고 강조했다.

제2차 세계대전이 끝난 1945년, 그때부터 전범 추적과 처벌은 아직도 진행 중이다. 전쟁 범죄에서 크건 작건 역할을 했다면, 끝까지 찾아내 책임을 묻는 게 독일 사회 철칙이다. 전범 처벌엔 공소시효도 없다.

1945년 독일 뉘른베르크에서 역사적인 전범 재판이 열렸다. 역사상 첫 전범 재판이었다. 과거에 한 국가 또는 국가를 대표하는 사람들이 전쟁 범죄로 인해 법정에 서게 된 적은 없었다. 그런 점에서 뉘른베르크 전범 재판은 가장 의미 있는 전범 재판으로 꼽히고 있다.

독일 뉘른베르크는 뮌헨에서 기차로 2시간 정도 떨어진 거리에 있다. 기념관 측과의 약속 시간보다 더 일찍 도착한 취재팀은

재판장에 들어선 노인. 70여 년 전 나치 전범 행위로 기소됐다. 독일에서 '전범 처벌엔 공소시효가 없다'는 걸 보여준 대표적인 사례다.

기념관 주변을 둘러봤다. 현재 외관이 지난 1945년 전범 재판이 열렸던 그때와 거의 달라진 게 없다는 점을 알게 됐다. 시간만 흘렀을 뿐 그때 모습을 그대로 간직하고 있다는 데 묘한 기분이 들었다.

기념관에 들어가 위층으로 올라가면 '600호 법정'으로 불리는 법정이 나온다. 실제 1945년, 온갖 악명 높은 나치 전범들이 재판받았던 곳이다. 이곳은 지금도 일반 법정으로 사용되고 있다고 한다. 좌석의 위치 정도가 달라졌을 뿐 내부도 나치 전범 재판이 열렸던 예전 법정 모습 그대로를 간직하고 있다.

우리에게도 익숙한 당시 수많은 나치 핵심 인사들이 이곳 600호 법정에 섰다. 히틀러의 후계자로 불렸던 헤르만 괴링, 외무장관 리벤트로프, 강제노동 징병 책임자 자우켈 등. 1945년부터 시작된 전범 재판에서 모두 24명이 기소됐다. 취재팀은 미국 국립문서기록관리청(NARA)에 남아 있는 영상자료에서 실제 재판을 받는 이들의 모습을 확인할 수 있었다. 피고석에 앉아 있는 전범들의 얼굴에서 반성과 후회는 찾아볼 수 없었다. 일부는 웃으며 주변에 앉아 있는 사람들과 대화를 나누는 등 여유로운 태도를 보였다. 헤르만 괴링은 1946년 법정에서 이렇게 진술했다. "저는 군인으로서 조국을 위해 봉사를 했을 뿐입니다."

재판 결과 기소된 24명 중 19명이 유죄 판결을 받았다. 이 중 헤르만 괴링, 리벤트로프 등 12명에게는 사형이 선고됐다. 괴링은 사형이 확정되자 감옥에서 스스로 목숨을 끊었다.

이 법정 바로 위층엔 특별한 전시장이 있다. 유죄 판결을 받은 전범들의 얼굴과 이들의 전범 행각들, 재판 결과 어떤 형량을 받았고 끝내 어떻게 생을 마감했는지까지 자세히 기록해 놨다.

취재팀은 이곳에서 근무하는 슈테판 립셰어 연구원을 만나 좀 더 자세한 설명을 들을 수 있었다. 이곳이 어떤 곳인지 묻는 취재진의 질문에 슈테판 립셰어 연구원은 "추모의 공간이기도 하고 동시에 역사에서 어떤 일이 일어났는지 살펴볼 수 있는 곳"이라고 설명했다. 그는 "이런 일을 다시는 겪지 않기 위해 어떻게 해야 하는지 배울 수 있다"고도 덧붙였다.

그는 "인륜에 반하는 행위는 매우 치명적이고 차원이 다른 범

뉘른베르크 전범재판기념관 600호 법정. 지금은 일반 법정으로 사용 중이다.

죄"라고 설명했다. "뉘른베르크 전범 재판은 범죄에 책임이 따른다는 걸 보여준다"며 "우리는 이 세상의 일부이며 나의 행동이 세상에 영향을 준다는 사실을 알아야 한다. 전쟁을 벌였다면 그 책임을 져야 한다"고도 덧붙였다. 처벌은 정의의 일부이며 우리 삶의 일부란 설명이었다. 그는 인터뷰 내내 차분하지만 단호한 어조로 말을 이어갔다.

취재팀은 기념관을 둘러보던 중 뜻밖의 전시물을 발견했다. 일본 도쿄 전범 재판 관련 기록물이었다. 도쿄 전범 재판은 1946~1948년에 진행됐다. 당시 일본 A급 전범 28명이 기소됐고, 도조

히데키 등 7명이 사형선고를 받았다. 하지만 그게 다였다. 히로히토 일왕은 기소 단계서부터 빠졌다. 그리고 더 이상의 처벌은 없었다.

일본은 이 재판으로 사실상 모든 전쟁 범죄 처벌을 끝냈는데, 역설적으로 나머지 모든 전범에게 면죄부를 부여한 셈이 됐다. 슈테판 립셰어 연구원은 "도쿄 전범 재판은 매우 비판받았다. 처벌이 너무 약했고, 매우 소수만 법정에 세워졌다는 의견이 많다"고 설명했다.

게다가 전범 재판 끝에 사형된 7명은 이후 일본 우익들에게 신처럼 받들어졌다. 이들은 모두 일본 도쿄에 있는 '우익의 성지' 야스쿠니신사에 안치됐다. 러일전쟁, 만주사변, 제2차 세계대전 등 일본이 벌인 침략전쟁에서 숨진 이들과 함께 신처럼 모셔지고 있다. 일본 지도부와 유력 정치인들도 매년 이곳을 찾는다. 국제적인 비난과 과거의 잘못은 신경 쓰지 않는 모습이다.

전범 기업 스스로 박물관 세우고 반성하는 공간 만들어

메르세데스 벤츠는 누구나 아는 고급 승용차 브랜드다. 아돌프 히틀러는 벤츠 자동차를 사랑했다. 행진에 동원된 차량 대부분이 벤츠였다. 벤츠는 독일 민족의 우수성을 알리는 상징과도 같았다.

벤츠는 '더러운 전쟁'을 통해 폭발적으로 성장했다. 히틀러의 나치와 군수품 생산 반독점 계약을 얻었다. 전쟁이 계속될수록 많은 사람을 죽일수록, 경제적 이익은 기하급수적으로 늘어나는 구조였다. 벤츠의 성장은 피를 머금은 성장이었다. 특히 벤츠의 군수품 생산 상당 부분을 맡은 건 강제 동원된 노동자들이었다. 죽음이 일상인 가혹한 환경. 보상은 없고 노동력만 제공하는 사실상 노예 상태. 벤츠는 이런 공짜 노동자를 부리면서 이익을 극대화했다.

하지만 전쟁이 끝나고 벤츠는 이런 부끄러운 민낯을 스스로 드러냈다. 벤츠는 박물관 한쪽에 강제동원 피해자 기억 공간을 따로 만들고 적극적인 사과에 나섰다. 일각에선 사과하지 않고선 기업 활동을 하기 어려웠던 사회적 분위기도 영향을 줬을 거라 비판하지만, 어찌 됐든 기업 입장에선 결코 쉽지 않은 일이었을 것이다.

벤츠 박물관은 독일 슈투트가르트에 있다. 뮌헨에서 기차로 2시간 정도 떨어진 곳이다. 취재팀은 아침 일찍 뮌헨에서 슈투트가르트로 향했다. 벤츠 박물관은 꼭대기 층에서 나선형 모양으로 걸어 내려오면서 전시를 관람하는 구조였다. 탁 트인 공간엔 히틀러가 탔던 승용차와 동일 모델들도 전시돼 있었다.

벤츠를 탄 히틀러(위), 벤츠 박물관에 전시된 같은 모델(아래)

강제동원 노동자들을 그린 그림과 사고 일지 등이 전시돼 있다.

박물관 관계자는 "이 승용차가 당시 히틀러가 탔던 승용차는 아니고 같은 모델"이라고 설명했다. 한쪽 벽면엔 강제동원 확인 문서나, 사고 일지 같은 기록물들이 보존돼 있었다. 많은 관람객이 천천히 걸어 내려오며 설명문에 집중했다.

"처음에 벤츠는 외국에서 자원봉사자를 모집했다. 1942년 중반부터 포로들이 열심히 생산해야 했다. 1944년 12월 그들의 숫자는 3만 명을 넘어섰고, 벤츠에서 일하는 2명 중 1명이 강제노역이었다. 주당 최대 80시간의 노동 시간은 예외가 아니었다. 위생과 음식뿐 아니라 노동과 관련된 비인간적인 조건이 만연했다. 많은 강제동원 노동자들이 이 가혹한 형태의 착취에서 살아 남지 못했다."

— 벤츠 박물관 강제동원 관련 설명문 중

강제동원 노동자들은 전투기와 폭격기 엔진 등을 생산했다. 유대인과 동유럽 노동자들이 만든 군수품은 동족을 학살하는 데 사용됐다. 노동자들은 기계나 물건, 그 이상도 이하도 아니었다. 목숨이 다할 때까지 생산하고, 상태가 안 좋아지면 '폐기'됐다.

독일 고급 승용차 브랜드 BMW도 마찬가지였다. 뮌헨 BMW 박물관은 더 상세히 강제동원 문제를 고백하고 있었다. 처참한 현장 사진과 함께 당시 강제동원된 노동자들이 생산한 엔진 등을 전시해 놓았다. 전시 공간 한쪽에선 강제동원 관련 해설이 흘러나왔다.

"1942년부터 수용소에 있었던 전쟁포로들을 강제동원하기 시작했다. 이들은 밤에도 기계 옆을 지켰으며, 별도 마련된 수용소에서 생활했다. 많은 노동자가 매우 혹독한 환경 속에서 사망했다."

— BMW 박물관 안내음성 중

이처럼 독일 전범 기업들이 오늘날 거대 기업으로 성장할 수 있었던 이유는 나치 히틀러에 부역했던 영향이 컸다. 그 대가로 경제적인 혜택을 받았기 때문이다. 기업들 역시 이 사실을 인정한다. 그래서 적극적으로 피해자들에 대한 사과와 배상을 진행하고 있다.

오롯이 기업 스스로 결정한 것이라고 보기 어려운 면도 있다. 전후 서독 재건을 도운 미국은 강제동원과 학살 등 과거사의 완전한 청산을 요구했다. 앞서 나치기록관에서 만났던 크리스티나 톨룩 역시 "미국의 강력한 압박도 기업의 사과와 배상 활동에 작용한 게 사실"이라고 말했다. "기업의 이미지 제고와 해외 수출을 위한 전략으로 사과를 했다는 분석도 있다"면서 "국제적으로 잘 알려진 회사인데 이런 강제동원 문제가 있다는 건 매우 나쁘게 작용할 수 있다"고도 설명했다.

독일 시민들
"아직 부족… 평생 노력해야"

"기업의 운영을 유지하기 위한 것일 수도 있지만, 그래도 기본적으로 옳은 방향이라고 보고 있어요."

— 마니크, 독일 시민

> “좀 더 배상을 할 수 있지 않았나 싶습니다. 전쟁에 관여했던 일부 회사들은 배상이 오히려 모자랐다고 생각합니다.”
>
> — 코넬리우스 쉐펠, 독일 시민

취재팀은 뮌헨 번화가 한복판에서 시민들을 만나 보기로 했다. 생각보다 많은 독일인이 흔쾌히 인터뷰에 응했다. 2시간이 조금 안 되는 시간 동안 10명 넘는 독일 시민과 꽤 깊은 이야기를 나눌 수 있었다. 독일 시민들은 전범 기업의 배상과 사과에 “부족하다”고 입을 모았다. 그들은 어두운 과거사를 있는 그대로 받아들이고 있었다. 독일 정부와 시민사회가 함께 나서 사실을 낱낱이 기록하고, 전쟁 범죄를 끊임없이 공론화한 영향이 컸다. 취재팀과 만난 라인하트 쾨슬러 독일 정치사회학자는 “독일이 희생자 아픔과 트라우마를 충분히 고민했는지 되돌아봐야 한다”고 말했다.

> “우리가 일으킨 문제들을 철저히 규명해야 한다고 생각합니다. 하지만 아마 해결할 수 없을 겁니다. 평생 못 할 겁니다. 사과와 배상이 우리가 유일하게 할 수 있는 일이라고 봅니다.”
>
> — 사비네 볼만, 독일 시민

> “독일은 이 문제에 당연히 책임이 있고 영원히 반복적으로 논의

하고 기억해야 할 겁니다. 왜냐하면 이건 과거에도 찾아볼 수 없는 인류에 대한 범죄였기 때문입니다. 독일이 국제적으로 지속 가능한 역할을 하기 위해선 이 주제를 적극적으로 다뤄야 한다고 봅니다."

— 다비드 자이넨, 독일 시민

독일 중심서 시민들이 지켜낸 '평화의 소녀상'

독일 베를린 도심엔 위안부 피해 할머니들을 기리는 '평화의 소녀상'이 있다. 저고리와 한복 치마, 그리고 단발머리까지. 서울의 옛 일본 대사관 앞에 자리한 소녀상과 같은 모습이다. 소녀상 발치엔 작은 꽃과 그 옆엔 누군가가 남기고 간 독일어로 '꽃을 치우지 말아주세요'라고 적힌 메모가 놓여 있었다.

이 소녀상은 2020년 9월 세워졌다. 독일의 시민단체와 김서경, 김운성 작가가 뜻을 같이해 만들었다. 그 과정은 험난했다. 일본 정부는 이 소녀상을 없애기 위해 온갖 외교전을 벌였다. 외무성은 위안부 피해를 부정하는 글을 공식 홈페이지에 올렸고, 일본의 지방자치단체장은 아예 '소녀상을 철거해 달라'는 내용의 공개서한을 보내기도 했다. 이렇게 세계 곳곳에 설치된 평화의 소

독일 베를린 미테구에 세워진 '평화의 소녀상'

녀상은 지금도 계속 공격받고 있다.

지난 2021년 여름, 뮌헨 공공박물관에서도 소녀상 특별 전시가 열렸다. 마침 취재팀이 독일에 있던 시기였다. 곧 소녀상이 뮌헨에 들어올 거란 소식을 듣자마자 취재팀은 이 프로젝트를 담당하고 있던 전시기획팀을 수소문했고, 다행히 유재현 아트5 대표와 연락이 닿았다. 당시 취재팀은 뮌헨에서 일정을 모두 마치고 베를린으로 건너와 있었다. 하지만 뮌헨에 있던 유 대표를 만나기 위해 취재팀은 다시 기차표를 끊고 4시간을 달려 뮌헨으로 향했다.

반갑게 취재팀을 맞아준 유 대표는 "소녀상이 민주주의 상징이 됐다"며 독일에서 소녀상 전시를 추진하게 된 이유를 설명했다. 유 대표는 "독일도 전쟁의 역사가 있기 때문에 독일 시민에게 '과거 청산을 충분히 했을까'에 대한 질문을 재차 던질 수 있는 계기가 될 수 있을 것이라 생각했다"고 말했다.

취재팀은 전시 큐레이터를 맡은 레나 폰 가이소 아트5 공동대표도 만났다. 소녀상 전시의 의미를 묻자 "소녀상을 통해 과거를 되돌아볼 수 있게 전시를 기획했다"는 답이 돌아왔다. "여성들이 입은 피해를 전 세계가 기억할 수 있길 바란다"고도 했다.

늘 그렇듯 전시 과정이 순탄하진 않았다고 했다. 일본은 총영사관을 통해 "받아들일 수 없다"는 입장을 냈다. 소녀상 특별 전시에 참여한 독일 시민단체와 전시관 측엔 항의 메일 수백 통이 쏟아졌는데 '일본에 폴란드 희생자를 추모하는 동상을 세우면 기분이 어떻겠는가' '정치적 사안에 이용된 동상'이라는 등 무리한 목소리를 담은 항의가 쏟아졌다고 한다.

독일 시민들은 일본의 끈질긴 외교전에 맞서 소녀상을 지켜냈다. 우리 시민단체도 연대했고, 평화 시위와 청원을 통해 일본의 소녀상 철거 시도를 막아냈다. 소녀상이 자리를 지키게 된 덕분에, 위안부 문제에 관심을 갖게 된 베를린 시민들도 꽤 많아졌다.

취재팀이 독일 현지에서 소녀상을 촬영하는 동안 꽤 많은 독일 시민들이 소녀상 앞에 걸음을 멈췄다. 이들 대부분은 "소녀상이 이곳에 남아 있었으면 좋겠다"고 말했다. 취재팀은 소녀상을 관람하는 사람들에게 다가가 소녀상을 보며 어떤 생각을 했는지 물어봤다.

소녀상 관람객 리앙과 JTBC 취재기자 인터뷰 내용

기자 소녀상이 어떤 의미인지에 대해 들어보신 적이 있으신가요?

리앙 제2차 세계대전 당시 일본 군인에 의해 납치돼 성 노예로 일할 것을 강요받은 여성들을 위해 세워진 동상이라고 알고 있습니다.

기자 일본군 위안부에 대해 어떻게 생각하시나요?

리앙 정말 끔찍한 일이죠. 누구도 성 노예를 강요당해선 안 되죠. 여기에서 위안부 피해자들을 기리는 것이 좋다고 생각해요. 아직도 그들이 한국이나 일본에 살고 있으니까요. 굉장히 중요한 주제인데도 별로 말하고 있는 사람이 없잖아요.

기자 독일에 소녀상이 있는 것에 대해 찬성하시나요?

리앙 물론입니다. 일본과 독일 정부 사이 외교적인 문제가 분명히 있지만요. 여기 사는 사람 입장에서, 저 동상은 분명 이곳에 속해 있는 존재입니다. 저는 소녀상이 여기 있는 게 좋아요.

과거 유고슬라비아 출신이라며 자신을 소개한 한 여성은 스스로 소녀상과 연결되어 있다는 느낌을 받는다는 감상을 전했다.

소녀상 관람객 레나타 아우구스티노비치와 JTBC 취재기자 인터뷰 내용

기자 소녀상에 대해 어떻게 생각하시나요?

레나타 아우구스티노비치 한국 여성뿐만 아니라 전쟁 지역의 모든 여성들에게 매우 좋은 취지라고 생각합니다. 저는 이 소녀상이 훌륭하다고 생각하고 이 자리에 평생 있었으면 해요.

기자 일본의 전쟁 범죄에 대해 알고 계시나요?

레나타 아우구스티노비치 저는 유고슬라비아 출신입니다. 그래서 전쟁이 무엇을 의미하는지 알고 있습니다. 소녀상과 나 사이에 왠지 연결고리가 느껴집니다. 멋진 일이라고 생각합니다.

허망한 독재자의 끝 보여주는 '히틀러 벙커'

취재팀은 히틀러의 마지막이 기록된 '히틀러 벙커'도 찾았다. 베를린 한복판이라 쉽게 찾을 수 있을 줄 알았는데, 지도를 보고 찾아간 곳에서 아무리 둘러봐도 이렇다 할 이정표가 보이질 않았다. 독일에서 머무는 동안 길을 찾기 어려웠던 적은 거의 없었다.

그런데도 '히틀러 벙커'는 눈에 잘 띄지 않았다. 같은 곳을 몇 번이나 맴돌았는데도 제대로 된 건물을 찾기 어려웠다. '히틀러

베를린 '히틀러 벙커'에 세워진 작은 표지판. 독일 정부는 이 표지판 외엔 어떠한 건축물이나 표식 등을 만들지 않았다.

벙커'를 찾아온 다른 외국인 관광객들도 다르지 않았다. 스마트폰을 이리저리 돌려가며 한참 이야기를 나누더니 취재팀에 다가와 길을 묻기도 했다. 이유는 단순했다. 일대가 주택가로 바뀌었고, 작은 안내판 하나만 남겨져 있었기 때문이다.

전쟁 막바지에 이르러 암살 위협에 시달리던 히틀러는 베를린 지하에 복잡한 지하 벙커를 만들어 머물렀다. 수십 개의 방으로 이뤄진 지하 벙커 가장 깊은 곳에 있었던 히틀러 전용 공간. 그는 1945년 4월 이곳에서 스스로 목숨을 끊었다.

지금은 나지막한 아파트와 주차장이 들어서 있다. 아파트 주민들이 바쁘게 오가는 길 한편에 덩그러니 세워진 안내판은 세월의 흔적이 느껴질 정도로 낡은 상태였다. 흔한 광고 게시판으로 오해할 수 있을 정도였다. 수많은 희생자들이 죽어간 수용소를 원형에 가깝게 복원하고, 기념관까지 세워 놓았던 것과 매우 다른 모습이었다.

알고 보니 독일 정부는 '히틀러 벙커'가 자칫 네오나치(나치 추종자들)에 악용될 가능성을 우려해 의도적으로 별다른 건축물이나 표식 등을 만들지 않았다고 한다. 오직 작은 표지판 하나만 세워둔 이유였다. 끔찍한 전쟁 범죄를 저지른 독재자의 끝이 얼마나 허망했는지 생생하게 보여주려는 의도가 엿보였다.

독일 현지에서 취재하는 동안 또 다른 전범국 일본의 모습이 여러 번 떠올랐다. 부끄러운 과거지만 떳떳하게 밝히고 사과한 독일. 과거에 대한 부정과 더불어 전쟁 피해자들을 향한 추모까지 막겠다는 일본. 두 나라의 모습은 여러모로 크게 달랐다.

'실제로 있었던 일은 언제든 반복될 수 있다.'

취재팀이 독일에서 자주 보고 들었던 말이다. 독일이 끊임없이 기록하고 반성하는 이유일 것이다. 일본이 독일을 보고 배워야 하는 이유도 바로 여기에 있다.

알고 보면 참 쉬운 '정보공개청구'

정보공개청구는 탐사보도 기자와 떼려야 뗄 수 없는 관계다. 정보공개청구는 쉽게 말해 정부나 공공기관 등에 "내가 어떤 게 궁금하니, 이와 관련, 어떤 일이 있었던 건지 혹은 어떻게 진행되고 있는지 자세한 정보를 공개하라"고 요구하는 취재 방법이다.

민주주의가 발달한 선진국일수록 정보공개 제도가 잘 갖춰져 있다. 우리나라도 계속해서 정보공개 규모가 커지고 있다. 성숙한 민주주의를 위해선 언론은 물론 시민의 감시가 필수적이기 때문이다.

정보공개 제도

국가기관·지방자치단체 등 공공기관이 업무 수행 중 생산·접수해 보유·관리하는 정보를 국민에게 공개함으로써, 국민의 알권리를 보장하고 더 많은 정보를 바탕으로 국정운영에 대한 참여를 유도하기 위한 제도다.

정보공개법의 제정·시행

국민의 알권리를 확대하고 국정운영의 투명성을 높이기 위해 지난 1996년 〈공공기관의 정보공개에 관한 법률〉을 제정·공포하고, 1998년 1월 1일부터 시행했다.

청구 방법은 간단하다. 정보공개포털(https://www.open.go.kr)에서 정보를 요청하는 기관을 선택하고, 제목과 내용을 입력하면 끝이다. (국회, 중앙선관위, 금융감독원 등 자체적으로 정보공개시스템을 갖춘 곳도 있다. 각 기관 홈페이지 메뉴에서 정보공개 코너를 찾을 수 있다.)

정보공개청구에도 요령이 있다. 지나치게 추상적으로 요구하면 제대로 된 답변을 얻을 수 없다. 구체적으로 원하는 정보가 무엇인지 기준 등 내용을 상세히 적어야 한다. 실제 취재팀이 청구한 내용을 살펴보자.

정보공개를 청구합니다.

귀 기관의 무궁한 발전을 기원합니다.
다음과 같이 정보공개를 청구합니다.

- 다 음 -

1. 2017년 이후 현재까지 예비타당성 조사 면제가 확정된 사업 목록 (총사업비 500억 원 이상 혹은 국가재정 300억 원 이상 투입되는 사업 가운데 예비타당성 조사가 면제된 사업 일체)
2. 위 목록에 포함된 사업들의 각각 총예산과 현재까지 집행된 예산 및 공정률

감사합니다.

주무부처를 확인하고(기획재정부), 명확한 시점을 정하고(2017년 이후), 구체적인 요구사항(예비타당성 조사 면제 사업 목록)을 적었다. 혹여 혼란이 있을까 법적 기준도 상세히 첨부했다. 총사업비 500억 원 이상으로, 국가재정이 300억 원 이상 투입되는 사업. 즉 예비타당성 조사 대상이지만 조사 면제된 사업들 일체 정보를 달라는 취지다. 기획재정부는 도표 형태로 내용을 정리해 공개했다.

사업명	요구기준 총사업비 (억 원)
광양(Ⅰ) 공업용수도 노후관 개량사업	1,500
울산 신항 동방파제 보강	755
전주 공공하수처리시설(4단계) 증설사업	1,030
부산교도소 이전 신축	1,984
경안 공공하수처리시설 증설사업	726
용인 에코타운 조성사업	3,831
여수시 소규모 공공하수처리시설 건설공사 민간투자사업	1,076
군산항 서측호안 내진성능 보강 공사	555
일자리 안정자금 지원	29,707
아동수당 지급	133,611
아산호~삽교호~대호호 농촌용수이용체계 재편사업	830
제주도 음식물류 폐기물 바이오가스화시설 조성사업	816
평택 북부경찰서 신축	514
무인항공기용 완제터보팬 엔진 개발	1,016
지역주도형 청년일자리 사업 지원	33,607
산업단지 중소기업 청년 교통비 지원(청년동행카드)	3,670
청년농업인 영농정착 지원	1,956
중소기업 재직청년 전용 내일채움 공제	17,083
기술혁신형 창업기업 지원(오픈바우처)	14,464
(이하 생략)	

취재를 위한 정보공개청구는 한 번으로 끝나지 않는다. 기초 자료를 모은 뒤 관련한 또 다른 후속 정보공개청구를 진행한다. 이렇게 쌓인 자료를 기반으로 현장 취재와 당사자 및 전문가 인터뷰 등을 거쳐 기사가 만들어진다. 말 그대로 정보공개청구는 취재의 시작 단계인 셈이다.

수월하게 정보가 공개되면 다행이지만 그렇지 않은 경우도 많다. 다른 사례를 살펴보자. 취재팀은 부동산 정책 혼선과 관련 국토교통부 장관이 어떤 보고를 받았고, 어떤 전문가들을 만나는지 궁금했다. 국토교통부에 다음과 같이 정보공개를 청구했다.

귀 기관의 무궁한 발전을 기원합니다.

다음과 같이 정보공개를 청구합니다.

- 다 음 -

1. 김현미 전 국토부 장관 재직 시절 '수도권 집값 동향' 관련 장관 보고 서류 일체(내부 참고자료 아닌 실제 장관에게 보고된 관련 서류 기준)
2. 김현미 전 국토부 장관 재직 시절 부동산 전문가 면담, 좌담회 등 관련 내역 일체(참석 전문가, 시간 등)

감사합니다.

취재팀의 요구에 국토교통부는 어떤 정보를 공개했을까? 비공개였다.

> 1. 정보공개청구 접수번호-7831963(2021.5.18) 관련입니다.
> 2. 청구인(이윤석)의 요구내용 건(김현미 전 국토부 장관 재직 시절 수도권 집값 동향 관련 장관 보고서류 일체, 부동산 전문가 면담, 좌담회 등 관련 내역 일체)은 부동산 관련 정보 사항으로 공공기관의 정보공개에 관한 법률 제9조 제8호(공개될 경우 부동산 투기, 매점매석 등으로 특정인에게 이익 또는 불이익을 줄 우려가 있다고 인정되는 정보)에 따라 비공개 결정하고자 합니다. 끝.

취재팀은 추가적인 대응을 고민했지만, 특별한 내용이 나오긴 어렵다고 판단했다. 더 중요한 취재가 너무 많았기 때문이기도 했다. 물론, 취재팀이 다 호락호락 비공개에 응한 건 아니다. 일부 중요한 취재에선 이의신청을 거쳐 인용 결정을 받아내기도 했다. 이의신청에도 비공개가 바뀌지 않으면 취재 내용과 관련 있는 국회 상임위원회(법제사법위원회 등) 의원실을 통해 정보를 받아내기도 했다. 일부 언론에선 소송을 통해 정보를 받아내기도 하는데, 그만큼 다양한 방법이 있으니 '비공개' 결정이 나왔다고 너무 일찍 체념할 필요는 없다.

이의신청

더보기

접수번호	이의신청일자	제목	이의신청 기관명	처리일자	처리상태	접수일자
6796756	2020.06.29	정보 공개를 청구합니다.	국토교통부	2020.07.09	이의공개실시 (인용)	2020.05.28
3213925	2015.10.20	국토교통부 정보공개청구	국토교통부	2015.10.23	이의공개실시 (인용)	2015.10.19
1717508	2012.06.20	해군 무인헬기 사업 관련 정보공개 요청	국방부	2012.07.04	이의공개실시 (기각)	2012.06.05

취재팀이 정보공개청구 비공개 결정에 불복해 이의신청을 했던 내용이다. 인용(정보공개) 결정된 부분을 확인할 수 있다.

국내뿐 아니라 해외에도 얼마든지 정보공개청구를 할 수 있다. 앞서 언급했듯 취재팀은 CIA(미국 중앙정보국)에 정보공개를 청구해 관련 내용을 받아내기도 했다. 언어만 다를 뿐 진행 방식은 같다. 정보공개청구 제도는 취재목적뿐 아니라 학술연구 등을 위해서도 다양하게 활용되고 있으니, 미리 알아두면 여러모로 유용하다.

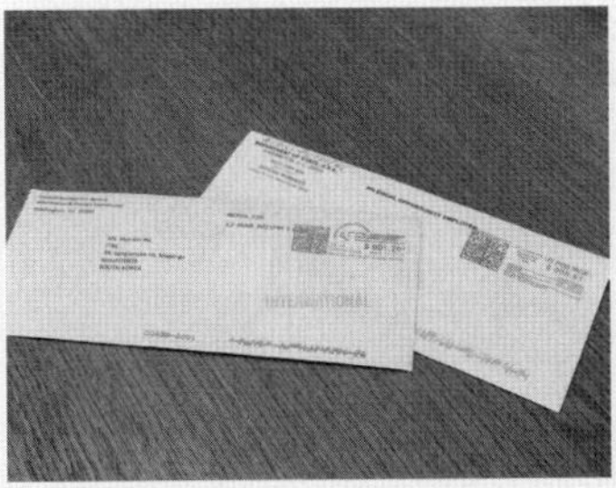

CIA(미국 중앙정보국)가 취재팀 앞으로 보낸 '정보공개청구 답변서'다. 탐사보도 취재 과정에선 국내외를 가리지 않고 정보공개청구를 자주 활용하게 된다.

맺음말

오늘보다 나은 내일을 위해

이윤석 기자

막상 책을 다 써놓고 보니 아쉬움이 크다. '그때 이렇게 취재했더라면… 이렇게 보도했더라면 더 좋았을 텐데…' 이런저런 아쉬움이다. 여전히 많이 부족하고 갈 길이 멀다는 생각이 든다. 십수 년을 탐사보도에 매진한 쟁쟁한 선배 기자들 앞에 책을 내놓을 생각을 하니 부끄럽기도 하다.

그래도 이런 작은 움직임들이 모여 언젠가 더 큰 변화를 만들어낼 수 있다고 믿는다. 고백하건대 취재팀 역시 선배 탐사기자들의 취재기를 통해 많은 걸 배웠고, 또 그 취재기법을 현장에서 잘 활용했던 기억이 있다. 누군가에게 이 책이 그런 도움이 됐으면 하는 작은 바람도 있다.

전다빈 기자

우리의 잊을 수 없는 시간을 기록할 수 있음에 감사하다. 앞으로의 기자 인생 중 이때만큼 서로 복작거리면서 신명나게 취재할 날이 또 올 수 있을까 싶다. 매 순간이 귀중한 배움이었다. 책을 쓰면서 그때의 배움들을 다시 되짚어볼 수 있었다.

이 책은 더 나은 사회를 바라는 젊은 기자들의 고군분투기이기도 하다. 어쩌면 '기레기'란 단어가 더 익숙한 시대. 우리의 취재 기록이 세상은 물론이고, 기자에 대한 인식을 조금이라도 더 나아지게 하길 소망한다.

나아가 이 기록이 취재하다 어디선가 헤매고 있는 누군가에게도 도움이 되길 바란다.

강희연 기자

처음 책을 쓴다고 했을 때 다 쓸 수 있을까 걱정했다. 사람들 앞에 무언가를 내놓는다는 게 부끄럽기도 하고, 일과도 벅찬데 원고까지 쓰려니 슬슬 귀찮아질 때도 있었다.

그런데 어느새 맺음말을 쓰고 있다. 되돌아보면 정말 즐겁게 썼다. 많은 사람이 읽어 줬으면 하는 '욕심'도 생겨버렸다. 내가 썼기 때문이 아니라 선후배와 동료들이 함께 쓴 책이기 때문이다.

탐사팀에 있을 때 끈질기게 달라붙어 취재하는 동료들을 보며 '나라면 저렇게 할 수 있을까?' 스스로 물었던 적이 많았다. 진실을 찾기 위해 치열하게 고군분투했던 동료들의 순간들을 담은 책이다. 이 여정에 함께할 수 있어서 감사하다.

어환희 기자

2020년 여름은 뜨거웠다. 취재에 들어가니 예상보다 문제는 거대했고 뿌리가 깊었다. 기약 없는 뻗치기는 힘들었고, 커지는 의혹에 겁이 난 적도 있었다. 호흡이 잘 맞는 선배들과 고민을 나누며 진하게 취재하는 기회는 많지 않다고 생각하며 마음을 다독였다.

기자라면 당연히 할 일을 했던 거라 보도로 상을 받을 때도, 책을 쓸 때도 새삼스럽다는 마음이 들었다. 하지만 기록하는 일을 하는 만큼 다시 오지 않을 그 시기의 땀과 노력을 정리하고자 했다. 역시 부족한 마음이 크다. 앞으로 더 채워가고 싶다. 무엇보다 보도에 도움 주신 분들께 응원과 감사를 드린다.

하혜빈 기자

취재할 때마다 인상 깊었던 모든 걸 기사로 온전히 담아낼 수 없음이 늘 아쉬웠다. 방송 뉴스 길이에 맞춰 제한된 분량 때문에 취재 내용을 많이 들어내야 했기 때문이다.

원고는 '투 머치 토커'란 핀잔을 들을까 걱정될 정도로 즐겁게 썼다. 이 책에 들어간 순간들은 가장 좋아하는 책에서 책갈피 없이도 바로 찾아낼 수 있는, 마음에 꼭 드는 문장과도 같다.

뚜렷한 목표 의식으로 취재하며 얻은 경험과 배움을 최대한 녹이고 싶었다. 이 기록이 언제 다시 꺼내 읽어도 부끄럽지 않았으면 좋겠다. 나아가 다른 누군가에게 내가 느꼈던 것과 같은 울림을 줄 수 있다면, 더 큰 기쁨과 뿌듯함이 될 것 같다.

TV CHOSUN
MILLER

EXIT
EMERGENCY EXIT

PRESS

환영받지 못하는 기자들
JTBC 탐사보도 기자들이 마주한 순간들의 기록

초판 1쇄 발행 2023년 3월 31일

지은이 이윤석 전다빈 강희연 어환희 하혜빈

책임편집 윤소연 **내지디자인** 박은진
마케팅 임동건 **마케팅지원** 안보라 **경영지원** 이지원

펴낸곳 파지트 **펴낸이** 최익성
출판총괄 송준기 **출판등록** 제2021-000049호

주소 경기도 화성시 동탄원천로 354-28
전화 070-7672-1001 **이메일** pazit.book@gmail.com **인스타** @pazit.book

ISBN 979-11-92381-45-9 03300